杉田 米行 監修　NO.13

米国のラティーノ

三吉 美加 著

大学教育出版

は　じ　め　に

　米国ロサンゼルスやニューヨークなどの大都市部では、ラティーノたちが圧倒的な存在感をもっている。まず、人口が多い。たとえば、読者のあなたが日本を出発して、ロサンゼルスの空港に着いたとしよう。飛行機を降りて、入国審査官のところまで歩いていく間に出会う人びと、空港内で入国審査に向かうまでの道を案内してくれる人、その途中に見かけられる空港内あちらこちらのショップで働く人や清掃員、そして、入国審査官、荷物受取場の係員まですべてラティーノである確率は非常に高い。入国した後も、空港から乗ったタクシーやバスの運転手、ホテルに到着してからは、荷物を運んでくれる人、フロント係、コンシェルジュ、ルームサービス係、レストランの給仕、調理師など、あなたが接する人すべてがラティーノということも珍しいことではない。あなたには英語で話しかけるだろうが、同じ仕事仲間とはスペイン語で話しているだろう。
　日本にいても、あなたは知らないうちに、ラティーノとつながりをもっている。たとえば、あなたがよく行くスーパーマーケットがそうである。手に取る米国産のレタス、ブドウ、オレンジ、精肉などは、ラティーノの労働力によってもたらされたものである。米国のあらゆる農畜産物の生産や収穫、パッキングの工程に彼らは関わっている。私たちは、日常生活のなかでラティーノの恩恵を得ている。
　米国のポップカルチャーに興味のある人ならば、ジェニファー・ロペス、クリスティーナ・アギレラ、ピットブル、ベニチオ・デル・トロといった俳優や歌手などを通して、あるいは、日本の都市部を中心に人気のあるサルサ、バチャータ、メレンゲなどの音楽やダンスを通して、ラティーノや彼らの文化に興味をもっている人もいるだろう。
　今や米国社会を理解するには、最大のマイノリティ集団であるラティーノ

について知ることは必須である。

　本書では、基本的に、ラティーノおよびヒスパニックという語を「メキシコ、中米、カリブ海地域、南米のスペイン語圏から来た人びと、およびその子孫」という定義で使う。2つの語は、地域や人によって、そのどちらがより好まれている。たとえば、メキシコ系は、「ラティーノ」と自らを言い表す傾向があるのに対して、ニューヨーク市のドミニカ系やプエルトリコ系の間では、「ヒスパニック」の語が好まれて使われる。こうした違いには、集団の歴史的・文化的背景が大きく関わっている。今後、米国政府は「ラティーノ」を広く採用していくと発表しているが、現在のところ、政府や関連機関の統計や報告には、「ヒスパニック」が使用される傾向が強い。一方で、文化や社会について言及するような資料では、「ラティーノ文化」「ラティーノ社会」といった表現が「ヒスパニック」よりも頻繁に使われている。本書においては、第1章では両方、その他の章では、基本的に「ラティーノ」を使用する。

　第1章では、ラティーノの概論、第2章以下は、2013年時点での集団の人口の大きさの順に章を構成した。したがって、第2章メキシコ系、第3章プエルトリコ系、第4章サルバドル系、第5章キューバ系、第6章ドミニカ系となっている。どの集団も人口が増え続けているため、圧倒的大多数のメキシコ系以外の順に関しては、数年後、変わることも大いに考えられる。

　ラティーノを理解しようとするとき、バリオに注目しなくてはならない。バリオは、スペイン語で「居住区」という意味であるが、ラティーノたちにとっては「かけがえのない〈ホーム〉」、外部者にとっては「危ない場所」とされることが多い。主流社会における非白人系に対する差別が深刻だった時代、ラティーノ移民やその子孫が居住できる場所は限られていた。バリオは唯一、彼らが自分たちの価値観で生きていられる場所であり、米国での避難所であった。そして、やがてそこから主流社会に抵抗する運動が興り、米国での経験をもとに新しい文化が創造されていった。

本書は、ラティーノについて知りたいと思った大学生や一般の方がたに向けて書いたものである。できるだけシンプルに、予備知識がない人にもわかりやすく書くことに努めたつもりである。読んでいただいた後で、ラティーノについて、米国社会について、少しでも理解できたと感じていただけたなら、大変嬉しく思う。

　2014年3月

　　　　　　　　　　　　　　　　　　　　　　　　　　　三吉　美加

米国のラティーノ

目　次

はじめに ……………………………………………………………… *1*
地図（北アメリカ・中央アメリカ）……………………………… *9*
凡　例 ………………………………………………………………… *10*

第1章　米国のラティーノ ……………………………………… *11*
　1　米国のラティーノ ………………………………………… *11*
　2　ラティーノとは？　ヒスパニックとは？ …………… *18*
　3　ラティーノ/ヒスパニック全体にみる特徴…………… *22*
　4　ラティーノ/ヒスパニックのアイデンティティ ……… *23*
　5　移民法とラティーノ/ヒスパニック …………………… *25*
　6　反移民と反バイリンガル教育の動き ………………… *29*

第2章　メキシコ系……………………………………………… *38*
　1　はじめに ……………………………………………………… *38*
　2　米国とメキシコの歴史的背景………………………… *40*
　3　北への移動 ………………………………………………… *42*
　4　大規模な移住 ……………………………………………… *44*
　5　メキシコ系アメリカ人のアイデンティティ ………… *48*
　6　イーストロサンゼルスとズートスーツ暴動 ………… *50*
　7　チカーノ運動 ……………………………………………… *53*
　8　米国文化に根付くメキシコ系文化 …………………… *56*

　［コラム1］ユカタンからカリフォルニアへ
　　　　　　　──ある田舎町からの移民の歴史─ ………渡辺　暁　*61*
　［コラム2］メキシコ人移民ナイマとの対話から学んだこと
　　　　　　　　　　　　　　　　　………………二瓶マリ子　*65*

第3章　プエルトリコ系 ……………………………………… 69
1　はじめに …………………………………………………… 69
2　米西戦争以降のプエルトリコの動乱と社会 …………… 70
3　大陸部への移住の歴史 …………………………………… 73
4　ニューヨークのバリオ …………………………………… 79
5　ニューヨークのジェントリフィケーション ………… 81
6　ニューヨリカンたちの文化活動 ………………………… 83

［コラム3］日本のなかのラティーノ文化 ……………三吉美加　89

第4章　サルバドル系 ………………………………………… 94
1　はじめに …………………………………………………… 94
2　エルサルバドルの先住民 ………………………………… 97
3　エルサルバドルの内戦 …………………………………… 98
4　米国の対応 ……………………………………………… 100
5　サルバドル系の集団的特徴 …………………………… 102
6　サルバドル系のコミュニティ ………………………… 104
7　米国への移住 …………………………………………… 108
8　変化する家族関係 ……………………………………… 113

［コラム4］メキシコ系ネイティブ・アメリカン？
　　　　　──マヤ語を話す移民たち── ……………渡辺　暁　119

第5章　キューバ系 …………………………………………… 121
1　はじめに ………………………………………………… 121
2　キューバにおける米国の台頭 ………………………… 122
3　近くて遠いキューバとの関係 ………………………… 125
4　キューバからの移住 …………………………………… 127
5　マイアミのキューバ系 ………………………………… 133
6　米国社会への影響 ……………………………………… 137

［コラム5］日本に生きるラテンアメリカの人びと ………丸山由紀　143

第6章　ドミニカ系 …………………………………………………… *146*
　　1　はじめに ………………………………………………………… *146*
　　2　米国への移住 …………………………………………………… *149*
　　3　移住の背景 ……………………………………………………… *152*
　　4　トランスナショナル …………………………………………… *154*
　　5　ワシントンハイツ ……………………………………………… *157*
　　6　ドミニカンヨーク ……………………………………………… *161*
　　7　ドミニカ系の人種観 …………………………………………… *163*

　[**コラム6**] ヒップホップとレゲトンがつなぐラティーノ若者の関係
　　　　　　…………………………………………………三吉美加　*167*

おわりに ………………………………………………………………… *170*

北アメリカ

中央アメリカ

注）ドミニカ共和国とドミニカ国は正式名称。他の国（プエルトリコは米国領）は略称。

《凡　例》

1　第1章を除いて、本文のなかでは基本的に「ラティーノ/ヒスパニック」を「ラティーノ」に統一する。ただし、文脈によっては、その限りではない。たとえば、政府関連機関や統計資料においては、「ヒスパニック」が主に使用されるため、それらのデータを参照する際は、筆者もそれに倣うこととする。

2　米国以外で生まれ、米国に移住したばかりの人を〇〇人、ある程度長く米国に居住したり、永住権や市民権を取得している人、また、米国生まれの人に関しては〇〇系と区別している。いつ〇〇人から〇〇系になるかを厳密に判断することはできないため、緩やかな区別となっている。

3　英語やスペイン語の表記に関しては、すでに日本語として浸透している語の場合、従来どおりの記述の仕方を採用している。

4　人口や移民者数などについては、断りがない限り、合法的に入国した人の数である。

5　本書で言及する「ラティーノ/ヒスパニック」および「〇〇系」という表現は、対象とする人びとに関する総合的な理解を深める本書の目的において、便宜的に筆者は使っていることをここに断っておきたい。

第1章　米国のラティーノ

1　米国のラティーノ

　読者のみなさんは、「アメリカ人」と聞いてどんな姿をした人物を思い浮かべるだろうか。それは多くの人にとって、白人の姿なのではないだろうか。確かに（非ヒスパニック）白人集団は、全米人口の約3分の2を占めており、現在のところ、米国において最大多数である。しかし、その人口は次第に減少しており、その一方で、20世紀後半からラティーノあるいはヒスパニックと呼ばれる集団が急増している。2000年度の米国国勢調査では、このラティーノ/ヒスパニックの人口が、初めてそれまで最大のマイノリティ（少数派）であった（非ヒスパニック）黒人人口を超えた。そして今もラティーノ/ヒスパニック人口は急増し続けている。

　2000年度と2010年度の国勢調査のデータを比較すると、2000年度のラティーノ/ヒスパニック人口は米国全体人口の13％（3,530万人）、2010年度では16％（5,050万人）となった。10年間でラティーノ人口は1,520万人増え、43％の増加となった。この間の全米の人口増加率が10％であるから、米国社会におけるラティーノ/ヒスパニック人口の急増ぶりがよくわかる。10年間で増えた米国の人口の半数以上はラティーノ/ヒスパニックである。ラティーノ/ヒスパニック人口の急増が続く第1の理由は、米国国内での出生

12

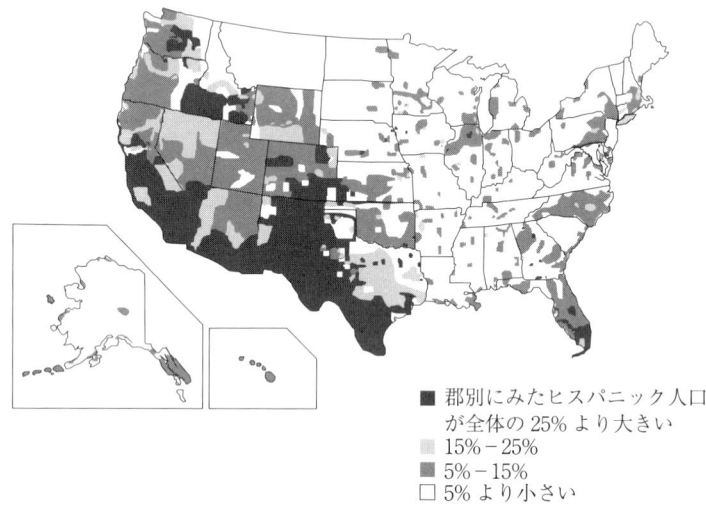

図1-1　米国におけるヒスパニック人口の分布（2011年）
(出典：U.S. Census Bureau County Population datasets)

率の高さである。2000年度と2010年度の国勢調査を比較すると、ラティーノ/ヒスパニック人口の増加分において自然増加の割合は64.2％、移住による増加は35.8％となっている。2011年から2012年の間に増加したラティーノ/ヒスパニック人口のうちでは、その76％が出生によるものだった。

　最新のデータによると、ラティーノ/ヒスパニック人口は5,300万人で、全米人口の17％を占めている（2012年7月1日時点）。米国国勢調査局の推測では、2046年ごろには（非ヒスパニック）白人人口が全米総人口の半数を割り、米国ではマイノリティと呼ばれる集団の総数が白人人口を超えるとされている。そして2050年には、最大のマイノリティとなるラティーノ/ヒスパニックの人口は1億328万人に達し、米国総人口の約3割を占めるという。

　米国でラティーノ/ヒスパニック人口が多い上位10州は、上位から（以下、括弧内ラティーノ/ヒスパニック人口）、カリフォルニア州（1,440万人）、テキサス州（980万人）、フロリダ州（440万人）、ニューヨーク州（350万人）、イリノイ州（210万人）、アリゾナ州（190万人）、ニュージャージー州（160万人）、コロラド州（110万人）、ニューメキシコ州（100万人）、ジョージア

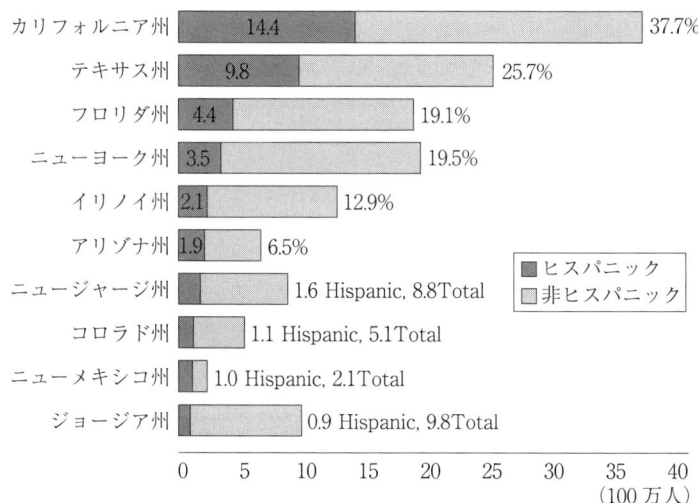

図1-2　ヒスパニック人口の多い州トップ10（2011年）
（出典：Pew Research Center Tabulations of the 2011 American Community Survey）

州（90万人）である[1]。カリフォルニア州のラティーノ/ヒスパニック人口のみで、全米ラティーノ/ヒスパニック人口の28％以上を占める。また、上位3州、カリフォルニア州、テキサス州、フロリダ州のラティーノ/ヒスパニック人口の総数は、全米ラティーノ/ヒスパニック人口の半数以上を占める（図1－2参照）。

　ラティーノ/ヒスパニック人口の割合が高い州は、上位からニューメキシコ州（46.7％）、テキサス州（38.1％）、カリフォルニア州（38.1％）、アリゾナ州（30.1％）、ネバダ州（27.1％）、フロリダ州（22.8％）、コロラド州（20.9％）、ニュージャージー州（18.1％）、ニューヨーク州（18.0％）、イリノイ州（16.1％）となっている（図1－3参照）。ニューメキシコ州およびカリフォルニア州では、ラティーノ/ヒスパニック人口の割合がすでに（非ヒスパニック）白人人口の割合を超えている。全米ラティーノ/ヒスパニック人口の6割以上を占めるのがメキシコ系である。ラティーノ/ヒスパニック人口は米国とメキシコ（以下、「米墨」とする）の国境に沿った南西部の州に集中しているが（その大半がメキシコ系）、全米すべての州においてラティーノ/ヒ

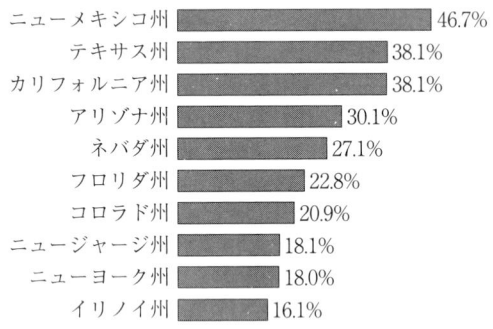

図1-3 ヒスパニック人口の割合が高い州トップ10
（出典：Pew Research Center tabulations of the 2011 ACS（1% IPUMS））

スパニック人口は増加傾向にある。なかでも、これまでラティーノ/ヒスパニック人口が比較的少なかった州、とくに南部州において人口増加が激しい。

2000年から2011年の間、ラティーノ/ヒスパニック人口がもっとも増加したのはアラバマ州で158％、19万人の増加となった。州全体におけるラティーノ/ヒスパニック人口の割合は4％と特別高いわけではない。次に増加率が高いのは、どちらも154％のサウスカロライナ州とテネシー州である。これら2つの州は、ラティーノ/ヒスパニック人口の総数ではアラバマ州よりも多い。ラティーノ/ヒスパニック人口が急増している上位10州のなかで、サウスダコタ州以外は南部州である。この間、ラティーノ/ヒスパニック人口の増加率が最小だったのはニューヨーク州（22％）である。近年では、これまでラティーノ/ヒスパニック人口がそれほど多くなかった州への流入が増えているため、すでにラティーノ/ヒスパニック人口が多い、たとえばニューヨーク州（とくにニューヨーク市）の増加率は低い値となっている。アリゾナ州に続いて、アラバマ州やジョージア州は2011年に非合法移民を取り締まる厳しい州法を通過させた。こうした州法の成立は、ラティーノ/ヒスパニック人口の移動に影響を及ぼしているとみられる。また、図1-4に挙げられてないが、たとえばネブラスカ州やミネソタ州などの特定の市町村をみると、ラティーノ/ヒスパニック人口が急増している場所がある。商

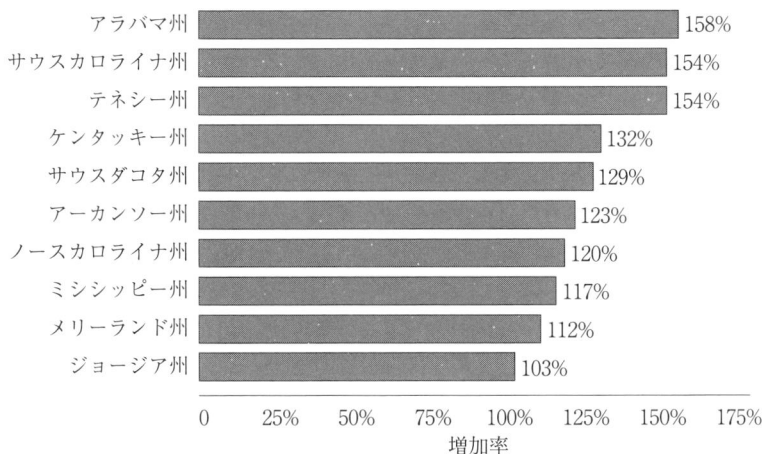

図1-4　ヒスパニック人口の増加率が高い州トップ10 (2000〜2011年)
（出典：Pew Research Center Tabulations of the 2000 U.S. Census and the 2011 American Community Survey）

機を狙う企業と票田を求める政治家は、拡大するラティーノ/ヒスパニック市場に目を凝らしているが、いま全米でもっとも注目される場所は、ノースカロライナ州の最大都市シャーロットである。

　ラティーノ/ヒスパニックと並び、アジア系の人口増加も激しい。2011年7月から2012年7月までの人口増加率を比較すると、ラティーノ/ヒスパニックは2.2％（約110万人）、アジア系は2.9％となり、アジア系の方が高い[2]。同時期、（非ヒスパニック）白人の人口は米国史上初、死亡者数が出生者数を上回った。少なくとも数字の上では、米国社会が「白人の国」でなくなる日はそう遠くない。

　米国では、「ラティーノ/ヒスパニックは移民だ」とみられる傾向がある。しかし実際には、米国生まれの2世、3世、4世、それ以降の世代も多い。また、「ラティーノ/ヒスパニックには非合法移民が多い」というイメージも強いが、かつて非合法に入国したり、滞在していた人であっても、米国人との結婚、米国市民である子による法的援助、米国政府の恩赦などによって、今では永住権や市民権を取得して合法的に米国に在住している人も相当数に

上る。

　ラティーノ/ヒスパニックのなかでもっとも大きな集団はメキシコ系で全体の64％を占める（2012年時点）。米墨戦争（1846年〜1848年）で米国が勝利し、1848年に米墨の間で締結されたグアダルーペ・イダルゴ条約により、現在のカリフォルニア州、アリゾナ州、ニューメキシコ州、ユタ州、ネバダ州などを含む広大な土地が、新たに米国の領土となった。それらの場所に住んでいたメキシコ人は、以後メキシコ系アメリカ人となった。メキシコ系は2000年度の国勢調査の時には2,060万人だったが、2010年度では3,180万人となり、54％の増加率となった。10年の間でラティーノ/ヒスパニック全体の人口は1,520万人増えたが、その約4分の3はメキシコ系である。メキシコ系の次に人口の多いプエルトリコ系は2010年度の調査で460万人となり、2000年度の340万人から36％増加し、第3位のキューバ系は2010年度に180万人となり、2000年度の120万人から44％増加した。

　それぞれのエスニック集団には、人口が集中している特定の場所がある。たとえば、メキシコ系集団は、米墨国境州（アリゾナ州、カリフォルニア州、テキサス州、ニューメキシコ州）である。ロサンゼルス－ロングビーチ大都市圏では、ラティーノ/ヒスパニック人口の78％をメキシコ系が占めている。一方、マイアミを中心とするフロリダ州南部ではキューバ系が集中しており、東海岸の都市部、ニューヨーク－ニュージャージー大都市圏では、ドミニカ系やプエルトリコ系が圧倒的に多い居住区がある。また、ワシントンD.C.には、サルバドル系のコミュニティがある（図1－5参照）。

　米国国勢調査局によると、2011年のラティーノ/ヒスパニックの全体人口は約5,190万人となっており、人口が多いエスニック集団については、上位からメキシコ系（ラティーノ全体の64.6％、約3,354万人）、プエルトリコ系（9.5％、491.6万人）、サルバドル系（3.8％、195.2万人）、キューバ系（3.6％、188.9万人）、ドミニカ系（2.9％、152.8万人）、グアテマラ系（2.3％、121.6万人）、コロンビア系（1.9％、98.9万人）、スペイン系（1.4％、70.7万人）[3]、ホンジュラス系（1.4％、70.2万人）エクアドル系（1.2％、64.5万人）、ペ

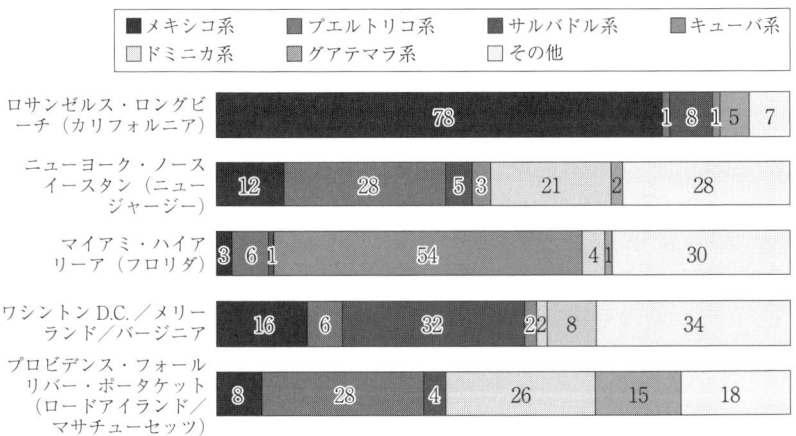

図1-5　大都市部におけるヒスパニック人口のエスニック集団別内訳（2011年）
（出典：Pew Research Center tabulations of the 2011 ACS (1% IPUMS)）

ルー系（1.1％、55.6万人）となっている。メキシコ系集団は全体の約3分の2を占めている。また、ここ数年間でサルバドル系は、まずドミニカ系、次にキューバ系を抜いて順位を上げ、現在では、全米で第3番目に大きなラティーノ/ヒスパニック集団となっている（図1-6参照）。

　ラティーノ/ヒスパニックのなかには、非合法入国やオーバーステイ（パスポートやビザの期限が切れてもそのまま滞在すること）する人が相当数いる。現在、米国内の非合法移民の総数は約1,100万人から1,200万人とされ、約60％がメキシコ人であると推定されている。さまざまな調査機関が非合法移民の数を推測しているが、それぞれのデータには大きな差がある。国勢調査に際しては、読み書き能力の不足、政府や国勢調査局への不信感から、また、受給している福祉や教育などに関する権利の剥奪、強制送還、失職などを恐れて参加しない人が多い。そのため、実際のラティーノ/ヒスパニック人口を推測することは難しい。ちなみに、米国国勢調査局はラティー/ヒスパニック人口の5％以上が調査に参加していないと見積もっている。国勢調査をもとにして、政府や地方行政の重要な政治的・経済的事項が決定される。米国下院議会の定数割り当てや行政の施策に対する予算の決定にも影響

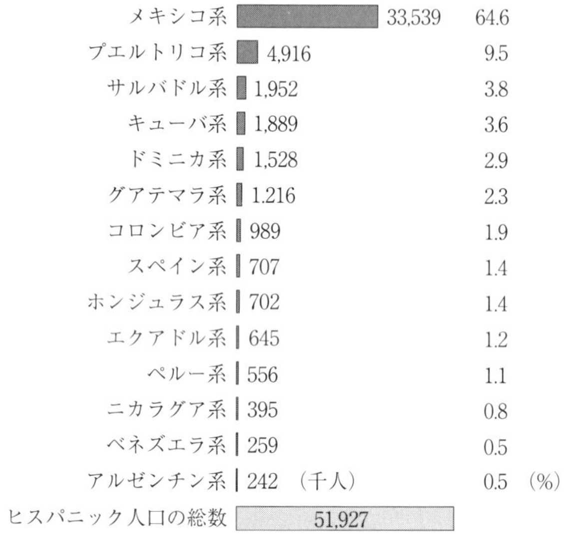

メキシコ系	33,539	64.6
プエルトリコ系	4,916	9.5
サルバドル系	1,952	3.8
キューバ系	1,889	3.6
ドミニカ系	1,528	2.9
グアテマラ系	1,216	2.3
コロンビア系	989	1.9
スペイン系	707	1.4
ホンジュラス系	702	1.4
エクアドル系	645	1.2
ペルー系	556	1.1
ニカラグア系	395	0.8
ベネズエラ系	259	0.5
アルゼンチン系	242　（千人）	0.5　（%）
ヒスパニック人口の総数	51,927	

図1-6　出身地別にみた在米ラティーノ/ヒスパニック人口（2011年）
（出典：Pew Hispanic Center tabulations of the 2011 ACS（1% IPUMS））

するため、ラティーノ/ヒスパニックを多く抱える地域では国勢調査への参加を積極的に呼びかけている。

　本書のなかで言及する各集団の人口は、とくに断りがない限り、米国国勢調査局が提示した数字である[4]。

2　ラティーノとは？　ヒスパニックとは？

　本書の「ラティーノ/ヒスパニック」は、現在、米国に居住するメキシコ、中南米、カリブ海諸島のスペイン語圏出身、あるいは、先祖がそれらの地域に由来している人びとを指す[5]。具体的な国名・地域としては、アルゼンチン、ボリビア、チリ、コロンビア、コスタリカ、キューバ、ドミニカ共和国、エクアドル、エルサルバドル、グアテマラ、ホンジュラス、メキシコ、ニカ

ラグア、パナマ、パラグアイ、ペルー、プエルトリコ（米国の準州）、スペイン、ウルグアイ、ベネズエラである[6]。

　「ラティーノ/ヒスパニック」には、あらゆる人種やエスニック背景をもつ人が含まれる。しかし、白人や黒人という語に並べて使用されることが多いため、人種分類、あるいは特定のエスニック集団（とくにメキシコ系やプエルトリコ系）と混同されがちである。たとえば、会話のなかで人種を話題にしているときに、「私はラティーノ/ヒスパニックです」と人種を表す語のように使用される。「ラティーノ/ヒスパニック」は20世紀後半から広く使われるようになった語であるが、その定義については米国社会でも混乱がみられる。

　先に述べたように、「ラティーノ/ヒスパニック」は、北米メキシコから中米、カリブ海域、南米までの広大な地域から来た人、その子孫を包括する。それらの地域の大部分はかつてスペイン植民地であったため、スペイン語の使用やスペイン文化の影響が共通してみられる。しかし同時に、それぞれの場には固有の歴史があり、異なる社会や文化を形成してきた。米国にやってくるにいたった事情、出身社会階層、経済的状況、宗教、エスニック集団、人種、習慣などもそれぞれに異なる[7]。彼らのスペイン語も異なる響きや語彙をもっている。

　ラティーノ/ヒスパニックのほとんどは、スペイン語を話すが、英語とスペイン語のバイリンガルの人もいれば、英語あるいはスペイン語どちらかの運用能力がより高いという人もいる。英語とスペイン語から生まれたハイブリッド言語「スパングリッシュSpanglish」で主に生活しているという人もいる。自らが「ラティーノ/ヒスパニックである」という人であっても、スペイン語を（あまり）話さない人も、なかにはいる。たとえば、スペイン語圏から先祖が移住してきた、とわかっているが、もはやスペイン語を話す人が周囲にいないため、スペイン語はわからないという場合である。こうした多様な背景をもつ人びとを一括りに「ラティーノ」や「ヒスパニック」と呼んでしまうことに対しては批判もある。

　さて、これまで「ラティーノ/ヒスパニック」と区別せずに説明してきた

が、実はこれら 2 つの語にはそれぞれ異なるニュアンスがある。

　「ヒスパニック」は、元来「イベリア半島（いまのスペインとポルトガルが位置する）の人びと」を意味する。そのため、スペインの伝統や影響を感じさせる言葉である。18世紀から19世紀にかけて、すでに「ヒスパニック」と名乗る人びとが米国にいた[8]。1930年代から南西部のメキシコ系アメリカ人の一部エリートの間では、スペインの血統、文化、伝統を誇る言葉として好んで用いられてきた。1970年代半ば以降では、政治家や実業家が「ヒスパニック」を自らの呼称として好んだ。「ヒスパニック」と当事者が使用する場合、スペイン系（あるいは、広義にヨーロッパ系）の文化や伝統を重視するという含みがある。それ故、自身や先祖の出身地域における先住民系やアフリカ系などの影響を無視したり、軽視しているという解釈も成り立つ。「ヒスパニック」は人種を表す語ではないが、その含みから自らが白人であると考える人に好まれる傾向がある。しかしながら、現在では、この語を使う人が必ずしもその含意を理解して使用しているとは限らない。

　10年に 1 度行われる国勢調査では、1970年度に「ヒスパニックは中米、南米、カリブ海のスペイン語圏、あるいはスペインから来た人びと」となっていたが、1980年度では「スペイン語話者、またその子孫、あるいは、特定のラテンアメリカ諸国や地域の一員として自らを同一視（アイデンティファイ）する人」と修正した。この定義が使用された時の国勢調査では、前回の時よりも自らを「ヒスパニック」とする人が50％以上も増加した。また、1980年度の政府の統計資料でも「スペイン語系、ヒスパニック」という語が使用され、人種上の分類には白人、黒人、アジア系も含まれるようになった。それ以前の統計では、「ヒスパニック」は人種的には白人に分類されていた。

　1990年代までには、「ヒスパニック」はよく使用される語となっていた。1993年には、政府関係機関のなかに「ヒスパニック」を 1 つの人種分類にしようとする動きがみられたが、強い反発を受け実現に至らなかった。現在、国勢調査局をはじめとする政府関係機関による調査において、「ヒスパニック」は人種ではないと明記されている。これらの事情から、そうした機関に

よる統計には、「非ヒスパニック白人」「非ヒスパニック黒人」と記載されている。

　スペインなどヨーロッパの文化的影響や伝統をアピールする含みをもつ「ヒスパニック」という語に対して、「新大陸」の独自性をアピールし、そこで築かれた社会や多様な文化的背景を尊重する語とされるのが「ラティーノ[9]」である。「私はラティーノである」という主張には、スペインなどのヨーロッパの影響に加えて、アフリカ系や先住民系、あるいはその他の文化的影響を受けた、ハイブリッドな存在である自分を誇りに思う、という含みがある。しかし、やはりこの語に関してもその含みを知らない、あるいは、あまり意識しないで使う人もいる。

　2000年度の米国国勢調査で初めて「ラティーノ」が登場した。この時から、2つ以上の人種分類を申請することも可能になった。「ラティーノ」の採用やこの新しい選択規則は、人びとの多様化したアイデンティティに公的機関が配慮したものといえる。

　概して、西海岸都市部や米墨の国境州で、自らを「混血」と認識する人びとの間（エリート層を除く）では「ラティーノ」が好まれる傾向があり、マイアミ市やニューヨーク市などカリブ系が多い場所では「ヒスパニック」を好んで使用する人が多い。しかし、全国的にみると、次第に「ラティーノ」の呼称がより好まれつつある。政府関係機関による統計、政治や経済活動が言及される場合は「ヒスパニック」、文化活動全般について言及される場合は「ラティーノ」の方が好まれる。ピューリサーチセンター（2012年調査）によると、「ラティーノ」と「ヒスパニック」どちらの呼称を好むかについては、ほとんどの人がどちらでもよいとするが、どちらか一方を好ましいとした人のなかでは、「ヒスパニック」にこだわる人が33％、「ラティーノ」にこだわる人が14％となった[10]。

3　ラティーノ/ヒスパニック全体にみる特徴

　国勢調査局のデータ（2012年7月1日時点）によると、ラティーノ/ヒスパニック人口は5,300万人で、全米人口の17％を占める。その36％が外国生まれである。メキシコを除いて、米国はラティーノ/ヒスパニック人口が世界でもっとも多い。ラティーノ/ヒスパニック全体の貧困率は約3割で（非ヒスパニック）白人の3倍となっている。2011年度の世帯あたりの平均年間収入は、約3万8,700ドルである（非ヒスパニック白人は約5万5,400ドル)[11]。

　教育において、ラティーノ/ヒスパニックは中途退学率が高いと指摘されてきた。しかし近年、ラティーノ/ヒスパニックの高等学校中途退学率は大きく改善している。2011年のデータでは、16歳から24歳のラティーノ/ヒスパニックを対象にした高等学校での中途退学率は14％となり、2000年の28％から半分になった。（非ヒスパニック）白人の場合では2000年に7％、2011年に5％である。2012年に高校を卒業してから大学にすぐに進学した人の割合は2000年度の49％から69％となり、（非ヒスパニック）白人よりも2％上回った[12]。これは、2008年の経済危機によって雇用機会を失ったラティーノ/ヒスパニックが、学歴の重要性を再認識した結果とみられる。4年制の大学に進学する割合は、（非ヒスパニック）白人72％、ラティーノ/ヒスパニック56％となっており、フルタイムの学生の割合や学士号取得の割合は白人よりも低い。

　スペイン語は8割以上の家庭で話されており、スペイン語を子孫が使い続けることを大切だと考える人は、ほとんど全てである。ラティーノ/ヒスパニックの半数弱はスペイン語の運用能力の方が高いとし、約30％がバイリンガル、25％が英語の運用能力の方が高いとしている。90％のラティーノ/ヒスパニックが米国で成功するためには、英語の習得が重要であるとしている。ラティーノ/ヒスパニック人口の約4割を占める米国生まれの人びとにとっては、○○系がつかない「アメリカ人である」というアイデンティティ

が重要になってきている。ラティーノ/ヒスパニックの87％の人が出身国（地域）にいるよりも米国は多くの機会を与えてくれるとし、約72％の人が子を育てるのに出身国・地域より米国がよいと考えている。

4　ラティーノ/ヒスパニックのアイデンティティ

　概して、米国では自分のアイデンティティや呼称は自分で決めるものだという意識が高い。したがって、誰がラティーノ/ヒスパニックかという点については、結局は本人が決定するものとされる。米国国勢調査に際しても、同様である。他者がある人を「あの人はラティーノだ」あるいは「ヒスパニックだ」と思っていても、本人はそのように自分を認識しないこともあるだろうし、逆に、「わたしはラティーノ/ヒスパニックです」と思っていても、周囲の人がそのように認識していないこともある。たとえば、ガルシアやロドリゲスなどスペイン語姓をもっていても、自らをラティーノ/ヒスパニックと同一視しない人もいる一方で、スペイン語圏でない地域から来た人でも、先代がスペイン語圏のどこかから移住してきたために、スペイン語が話される家庭で育った人の場合は自らをラティーノ/ヒスパニックと同一視することもあるだろう[13]。

　「ラティーノ」という呼称が当事者らに積極的に利用されるのは、同じラティーノの人びとと一緒にいて、連帯感を表す欲求を感じたときだろう。選挙活動や労働者が集まる場、彼らの間で人気のあるミュージシャンのコンサートなど文化的イベントでは「ヒスパニック」ではなく、「ラティーノ、ラティーノ」と声を合わせて集団の結束が示されている[14]。

　ラティーノ/ヒスパニックの日常生活では、「ラティーノ」「ヒスパニック」よりも、所属するエスニック集団名を述べる機会の方が多いだろう。たとえば、ドミニカ系、アルゼンチン系、サルバドル系である。

　誰かを「ラティーノ/ヒスパニック」かどうか、と判別する時に、その人

がスペイン語話者であるかは重要な要因となる。人がスペイン語話者となるかどうかは、育った環境に因るところが大きい。親が子にスペイン語を教えるか否かを決める際には、それぞれの地域社会などにおけるスペイン語話者に対する扱いや、親の社会経験が考慮されるだろう。また、家庭の経済状況、社会階級、教育背景、人種やエスニシティ、居住場所などもその決定に影響をもたらすだろう。かつてラティーノ/ヒスパニックに対する差別が現在とは比較にならないほど深刻であった時代、親は子の将来を思い、スペイン語を教えなかった。子がスペイン語を話すことで、同化を拒んでいると周囲に睨まれ、偏見や差別にさらされる、と親が考えたからである。このような考え方は、少なくとも1970年代までは、メキシコ系やプエルトリコ系を中心に広く共有されていた[15]。事実、スペイン語話者であることや、スペイン語アクセントのある英語を話すことは、米国社会での同化を遅らせ、そのことにより社会的成功が阻まれる時代は長く続いた。

　移民世代と2世まではスペイン語の習得、伝統的な風習に従い生活するが、3世以降になると、スペイン語を話さない人も多く、価値観も急速に米国（主流文化）化する。居住場所に関しても、必ずしもラティーノが多くない地区に住む人の割合が増えていく。ちなみに、2010年度に新しく結婚した米国カップルのうち、ラティーノ/ヒスパニックの26％は異なる人種やエスニック集団の人と結婚している[16]。他の移民グループに比べ、ラティーノ/ヒスパニック女性は他のエスニック集団の男性と結婚する割合が高く、その割合は3世で約6割に及ぶ。非ヒスパニックとの結婚は、（相手がスペイン語話者でない場合）スペイン語や出自のエスニック文化を、結果的に遠ざけることにもなる。

　集団に関する呼称は、時間が経てば、社会の変化に対応して、新しく定義されたり、新しい呼称が必要になったりする。これは国勢調査による「ラティーノ/ヒスパニック」の採用や定義の変更にも確認できる。また、個人も、状況をみながら、特定のアイデンティティや呼称を選び取ったり、捨て去ったりする。呼称の定義や、自らのアイデンティティの表明には、価値観

や政治性が潜んでいる。

5　移民法とラティーノ/ヒスパニック

　1880年代まで、米国における主な移民は北ヨーロッパや西ヨーロッパの出身者が多かった。1890年代からは、東ヨーロッパおよび南ヨーロッパ出身者、および日本出身者などの流入が進んだため、1924年の移民法では、その流れを制限することが主な目的となった。とくに、米国の非白人化を脅かすアジア系の流入は、是が非でも食い止められなければならないとされた[17]。年間の上限は16万4,000人に制限されたが、西半球からの移民者数の制限は設けられなかったため、カナダ、メキシコ、中南米からの移民が増えた。1924年の移民法によってヨーロッパ系やアジア系の入国が規制され、労働力不足に悩むことになった米国の雇用主は、代わりにメキシコ人を雇うようになっていく。米国が国境警備を開始するのは1924年からである。それまでは両国の国民は自由に国境を往来しており、1924年を境に状況が変わったわけだが、当時の国境警備は今ほど徹底しておらず、雇用主側は非合法であろうが関係なく、安い労働力欲しさから多くのメキシコ人を採用した。

　1924年の国境警備の開始と移民法の適用によって、米国に大勢のメキシコ系労働者がいると判明した[18]（表1-1参照）。これ以降、入国に必要な書類を用意せずに、非合法に入国する人の数は次第に増加していく。20世紀前半から、低賃金で働くメキシコ人/系の労働力は米国の経済成長の原動力となっていく。

　20世紀前半までは圧倒的に男性の一時滞在者が多かったが、1924年の移民法制定後は米国に定住して家族を呼び寄せる人が増えていく。

　1940年から1960年にかけては、メキシコ系および中南米系の移民が急増した。1942年から1964年まではブラセーロ計画（詳しくは第2章参照）によって農業や鉄道建設に携わるメキシコ人が期間限定のビザを与えられ米国にやってきた。その総数は約500万人であった。この間、同時に非合法入国

表1-1　1924年移民法制定前後の米国への移民者数―メキシコ人と全体

年	米国政府に移民と認められた人の総数（人）	米国政府に移民と認められたメキシコ人の総数（人）	全体に対するメキシコ系移民の割合（％）
1922	309,556	18,246	5.9
1923	522,919	62,709	12.0
1924	706,896	87,648	12.4
1925	294,314	32,378	11.0
1926	304,488	42,638	14.0
1927	355,175	66,766	19.9

（出典：Block, Louis. "Facts about Mexican Immigration Before and Since the Quota Restriction Laws" Journal of the American Statistical Association 24:165 (March 1929): 50-60.）

したメキシコ人も大勢、農作業の労働者として雇われている。ブラセーロ計画が終了した後も、メキシコ人労働力なしにはやっていけない農業分野は多く、ブラセーロ計画が続行していたかのような状態だった。

　米国の南部、東海岸から西海岸にかけてサンベルトと呼ばれる農業地帯があるが、各地の農場では、収穫の時期、仕事を求めてやってくる大勢のメキシコ系やプエルトリコ系、その他のラティーノ/ヒスパニックがいる。たとえ非合法であると知っていても、低賃金で働く彼らを頼みにしている農場は多い。1940年から1980年まで、メキシコ経済は石油の売り上げによって好調であったが、米国への移民の流れは止まらなかった。1980年代は、メキシコのベビーブーム、および石油価格の低下が引き起こした高い失業率とインフレ、1990年代は経済危機などにより、さらなる人の流れがもたらされた。

　第2次世界大戦後、人種や出身地を特定した移民法に非難が高まり、1965年の改正移民法[19]では、それまでの特定された人種とエスニック集団の規定枠が撤廃された。公民権運動もこの時の移民法に影響を与えたとみられる。新しい移民法では、毎年東半球から17万人、1国あたり2万人を上限とした。西半球からは、12万人（以前から40％の減少。当初は1国あたりの制

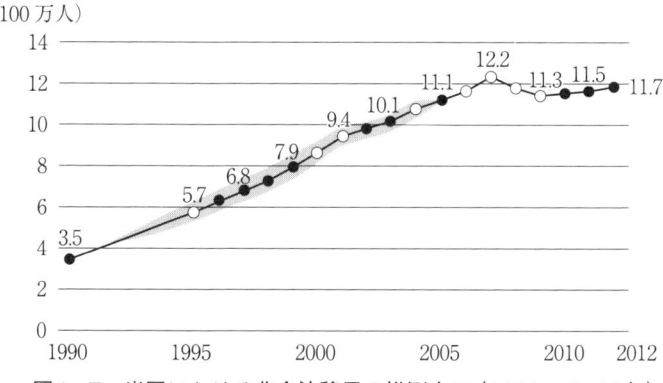

図1-7　米国における非合法移民の推測人口（1990〜2012年）
注）影の部分は推測値の上限と下限の幅。
（出典：Current Population Survey for 1995-2004, 2012 および American Community Survey for 2005-2011 をもとに Pew Research Center が作成したものを一部修正）

限がなかったが、1970年代に東半球からの移民と同じく2万人枠が採用された）と制限を設けた。受け入れに際しては、雇用関係、難民、（自然災害などによる）避難民など数種の分類枠が設けられ、優先順位がつけられた。また、米国市民である配偶者、21歳以下の子、あるいは親に関しては、移民総数の規定枠や各国の上限規制の枠外とされ、「家族の呼び寄せ」による移民として優先的に受け入れられた。キューバ革命後、米国政府は大勢のキューバ人を難民として受け入れてきたが、この時の移民法でも、キューバ人受け入れ枠の上限は設けられなかった。

　この移民法の施行によって、その後大幅に移民の数が増えた。それまでの移民の大部分はヨーロッパ系だったが、以降はアジア系、メキシコ系、中南米系、カリブ系の数が急増した[20]。

　移民数の上限が設定されたことで、ブラセーロ計画が終了した後、米国で仕事を求めるメキシコ人の多くが非合法に入国するしかなくなった。1965年から1986年の間、約2,800万人のメキシコ人が非合法的に入国したとされる。しかし、その当時、ほとんどの労働者は一時的に米国に滞在していたにすぎなかったため、実際数は400万人から500万人ほどであったとみられる。

1980年代から非合法移民の取り締まり強化を求める世論が高まり、1986年に移民改革統制法（the Immigration Reform and Control Act of 1986）が成立した。これによって、非合法移民と知りながら雇用した事業主に罰則が適用されることになり、その一方で、5年以上米国に居住したことを立証できる非合法移民には、恩赦が与えられ、滞在が一時的に合法化され、後に永住権を申請することができるようになった。合計約300万人の申請が認定されたが、そのうち、75％はメキシコ人だった[21]。しかし、多くの非合法移民は5年間の居住を証明できる書類やかかる費用を用意できなかった。こうした移民法改正は、一見、人道的な措置のようだが、実際は「不法」滞在者を減らした後、非合法移民の摘発と国境警備を強化することに本来の狙いがある。

　1965年の移民法、そして、1990年の移民法では、「家族の呼び寄せ」を適用したビザが多く発行された。これにより、ラティーノ/ヒスパニックおよびアジア系移民が増加した。1965年の移民法では、ビザの枠組みの第2優先に当たる親あるいは未成年の子に対してのビザの発行には国ごとの上限が設けられていたが、1990年の移民法ではその上限がなくなり、基本的に先着順となった。

　さらに、専門的な技能のある者やサービス部門で雇用が見込まれる者、および多様化プログラム[22]（これまで比較的移民の少なかった国から抽選で移民を受け入れる）の全3分類で約70万人が毎年受け入れられるようになった。家族の再統合に関する条項やH-2Aビザ（一時的に米国で農作業に就く人に与えられる）によって米国へ入国するラティーノ/ヒスパニックが大勢となった。また、帰化政策も変わり、米国に長い間滞在しているラティーノ/ヒスパニックの市民権の取得が比較的容易に行えるようになった。

　1986年の移民改革統制法によっても、恩赦を受けた非合法移民の配偶者と子の米国における滞在が認められ、そのまま米国に滞在し続けることが可能になったラティーノ/ヒスパニックは多かった。1995年以降、移民受け入れの約70％は「家族の呼び寄せ」によって入国している。1990年代の合法的移民の約半分が西半球から来た人となり、そのほとんどがラティーノ/ヒス

パニックであった。以降も、米国への移民がそれまで多かった国からは継続的に人の流れがあった。しかし、2000年代後半からは、その流れは以前と比べて緩やかになっている（第2章参照）。

6　反移民と反バイリンガル教育の動き

　米墨戦争後、メキシコの敗北をきっかけに米国所有になった地域には以前にも増して東部からのアングロ系の流入が進んだ。南西部では、教会による支援のもと、メキシコ系が通う学校が創設され、スペイン語教育が行われていた。しかし、アングロ系がメキシコ系らの住む地域一帯を管理しはじめると、学校教育のなかからメキシコの歴史や文化を学ぶプログラムを徹底的に排除していった。そうした変化のなか、1870年代までには経済的に余裕のあるメキシコ系は子をメキシコ系私立学校へ通わせてメキシコ文化についての知識を学習させるようになっていた。南西部の州では、白人が通う学校にメキシコ系が入学することは許されなかった。ニューメキシコ州では1872年、テキサス州では1880年代から「分離教育（白人と非白人を分離して教育した）」が正式に始まった。1870年代から1890年代にかけて、南西部では公立学校で英語以外の言語を制約あるいは禁じる措置がとられた。

　19世紀後半から、メキシコ系はバイリンガル教育を重視していた。しかし、教育を受けることができたのは、経済的に恵まれた家庭の子どもたちであった。1930年、かつてメキシコ領であった地域において、学校へ通うメキシコ系児童の割合がもっとも低かったのはテキサス州で50％、もっとも高かったのはニューメキシコ州で74％であった。1931年に、カリフォルニア州では、メキシコ系の親がメキシコ系学校の不平等性を訴えた結果、一般の学校に対して、メキシコ系学生の受け入れを求める判決が下された。以降、教育現場における平等を訴える裁判は、この後何十年も続くことになった。当時、米国では「有色人種」の扱いに関して、「分離すれども平等」という

立場が採用されていたが、こうしたメキシコ系らによる教育現場における差別の訴えは、アフリカ系アメリカ人や他のエスニック・マイノリティたちにも影響を及ぼし、後の公民権運動を引き起こすきっかけにもなった。アフリカ系アメリカ人の公民権運動を勢いづけた画期的な判決として知られる1954年のブラウン判決[23]も、こうした戦いの延長戦上に位置づけることができる。

　メキシコ系学校のなかには、スペイン語教育や、将来、公立学校の教師を志願する学生に専門的な教育を指導するなどの特別プログラムを用意する学校が登場した。1957年には、テキサス州ガナードで統一ラテンアメリカ系市民連盟（the League of United Latin American Citizens；LULAC）の主催する（就学前のスペイン語話者の子どもが通う）プレスクールが設立され、公立学校へ進学する際に出遅れることがないように、英単語400語を教えるなどの教育プログラムが施された。翌年、LULACは、テキサス州の他の都市でもこのプロジェクトを開始した。1959年には、テキサス州議会はこのプロジェクトをもとに、テキサス州下院法案51号（「非英語話者児童のための就学前教育」）を通過させている[24]。1960年の時点で、614人の教師と1万5,000人以上の児童が参加していた。これは1965年に全米で開始する「ヘッドスタートプログラム　Head Start Program[25]」のモデルにもなった。

　一方、米西戦争（米国とスペインの間に起きた戦争）によりスペインが敗北し、1898年に米国領となったプエルトリコにおいても、アングロ系社会への同化が促された。1899年、島の学校教師に英語のみで教育するよう命じた法律が制定された。しかし、島嶼という地理的要因もあってか、結果的に、プエルトリコでは、大陸部における教育システムの導入はうまくいかず、英語を話す人の数もあまり増加しなかった。

　1917年、プエルトリコ人に米国市民権が付与されたことをきっかけに、ニューヨークやシカゴなどへ移住する人が増えた。（もちろん、差別が主要な原因であったが）英語運用能力の不足によって、職に就けず、貧しい生活を強いられるプエルトリコ系が大勢となった。彼らもまた20世紀の大部分、他の「アメリカ人」からの偏見や差別に悩まされることになり、東部の都市

部においてバリオ（彼らの居住区）を形成した。当時、英語運用能力の不足は知的レヴェルが劣るため、とされた時代であった。

　ニューヨーク市では、1950年代からアフリカ系アメリカ人とプエルトリコ系が中心となって、教育現場における差別の撤廃を求めて闘いはじめた。しかし、なかなか成果をみることができなかったため、政府の援助を期待することは諦めて、プエルトリコ系は単独でコミュニティにバイリンガル学校を設立するようになっていった。

　1972年、ニューヨーク市教育委員会を相手取ってプエルトリコ系法律相談および教育基金（the Puerto Rican Legal Defense and Educational Fund）などの団体は訴訟を起こし、英語運用能力の不足を理由に、プエルトリコ系の学生に平等な教育機会が与えられていない、と主張した。この裁判では、プエルトリコ系側が勝訴している。

　このように、スペイン語話者に対する米国社会の不平等な扱いに最初に挑んだのは、古くからの住民であったメキシコ系とプエルトリコ系である。スペイン語話者の人口が急増した1950年代からは、他のラティーノ/ヒスパニックも加わり、職場、居住地区、教育現場の差別的扱いを幅広く社会に訴える活動が活発になっていった。彼らの運動が全米で知られるようになると、同様の問題を抱える、他のラティーノ/ヒスパニック集団、アジア系、アフリカ系アメリカ人などの間でも共感が示され、それぞれの集団が次なる行動を起こしていくのであった。

　抗議活動のなかでも、ラティーノ/ヒスパニックが大きな関心を示したのは、差別的な学校教育に対してだった。当時、メキシコ系やプエルトリコ系が多い学校には、罰則としてそこへ送られてきた教師が働いていた。その他、学内でのスペイン語の禁止、選択が少ない教育プログラム、不備な教育施設、ラティーノ/ヒスパニック教師の欠如、さらには、白人の学校では課せられない清掃などの罰則も、ラティーノ/ヒスパニックの学生には「しつけ」と称して実施されていた。全国で抗議活動がみられたが、とくに勢いがあったのはカリフォルニア州のメキシコ系で、彼らは、たとえば、教育環境の改善

を訴え、ストライキをしたり、学生によるアンケートの結果をもって学生たちが教育委員会に出向き、現状を訴えたりという行動を起こした。当然、学校側とメキシコ系学生をはじめとするラティーノ/ヒスパニック学生の間では対立が深まっていった。そして、ついに、学生たちは学校ボイコットを決行する。メキシコ系が集中するイーストロサンゼルスでは、1968年に約1万5,000人の学生が参加した大規模なボイコットが起こるが、続いて、テキサス州でも同様のボイコットが起こった。こうした社会運動は、チカーノ（メキシコ系。詳細については第2章参照）の公民権運動とみることができる。

1964年の公民権法が制定されてから、アファーマティブ・アクションの適用が進み、1968年にはバイリンガル教育法が制定されたが[26]、非英語話者の移民の増加によって、巻き返しも起こった。

1980年代は、反バイリンガル教育の動きが活発化した時代である。フロリダ州南部は、キューバ革命後から大勢のキューバ系を抱えていた。キューバ系が多いデイド郡の公立学校では、キューバ系の流入が始まって間もなくスペイン語教育が始まった。膨らみ続けるキューバ系人口とバイリンガル教育は、旧住民たちの反感や批判を高めた。ついに、1980年に、59.2％の賛成票を得てフロリダ州デイド郡で反バイリンガル条例が施行された。そして1981年には、英語公用語化運動を勧めたS.I.ハヤカワ上院議員が連邦議会に「英語をアメリカの公用語とするための憲法修正案」を提案した。これは議会を通過しなかったが、1983年に、S.I.ハヤカワはジョン・タントンとともに団体「U.S.イングリッシュ」を設立し、英語公用語化を勧めた[27]。英語公用語化運動は全国に広がり、1990年までにアラバマ州、アーカンソー州、カリフォルニア州、コロラド州、フロリダ州、ジョージア州、ハワイ州、イリノイ州、インディアナ州、ケンタッキー州、ミシシッピー州、ネブラスカ州、ノースカロライナ州、サウスカロライナ州、テネシー州、バージニア州の16の州で英語の公用語化が宣言された。現在、英語は米国の公用語ではないが、50州のなかで28州が英語を公用語としている（2013年時点）。

英語公用語化への関心は、主にスペイン語話者の人口増加による白人らの

不安を反映している。アジア系とともに、メキシコ・中南米・カリブ海地域からの移民の増加により、「英語の国」「白人の国」という米国の国家的アイデンティティが崩れてしまうという恐れに由来する反発とみることができよう。

　英語公用語化運動やバイリンガル教育を認めるか否かをめぐる議論は、非合法移民の増加や国内の失業率の上昇によって刺激される。かつて公立学校でのバイリンガル教育を支援していたコミュニティ団体や教会の経済力が脆弱になっており、バイリンガル教育を支持する側にとっては厳しい状況が続いている。

　ラティーノ/ヒスパニックは、米国社会の政治的決断に対してもこれまで異議を申し立ててきた。大きな抗議活動となったのは、たとえば1994年にカリフォルニア州で住民提案187 [28] が可決されたときである。とくに、「非合法移民とその子、あるいはそのように見受けられる者の教育を受ける権利を拒否する」という部分は、移民社会全体（とくにラティーノ/ヒスパニック）に対する偏見が露呈していると、ラティーノ/ヒスパニックは州を非難した。約1万人の中学生と高校生が抗議の意を示しながら、カリフォルニア州の高校を何十校も渡り歩いたこともあった。その後も、アリゾナ州、コロラド州、フロリダ州、イリノイ州、ネバダ州、ニューメキシコ州、ニューヨーク州、オクラホマ州、テキサス州において、同様の行動が続いた。大勢を動員した抗議活動にもかかわらず、依然、非合法移民を排除しようとする世論は強い。1996年には住民提案209（アファーマティブ・アクション[29]の撤廃要求）、1998年には住民提案227（公立学校におけるバイリンガル教育の撤廃要求）が可決されている。いずれの提案が可決した時も、メキシコ系を中心に大規模な抗議活動が起こった。最近では、2010年にアリゾナ州で非合法移民を厳しく取り締まる移民法（SB1070 [30]）が制定した直後に、10万人を超える人が集まり、新移民法に反対した。

　ラティーノ/ヒスパニックの人びとが連帯して集団のために闘うという姿は米国のメディアでよく映し出されるが、その一方で、米国社会に同化し、

もはや移民の子孫として自らをみない人の数も増えている。したがって、まだ全体的な比率としては少数であるが、非合法移民に対する厳罰化について賛成するラティーノ/ヒスパニックも増加している。

2012年の大統領選挙でオバマ大統領は全ラティーノ/ヒスパニック票の7割以上の支持を得て、再選を果たした。これまで移民に対して寛容な策をとってきた民主党は、選挙戦で多くのラティーノ/ヒスパニック票を獲得してきた。現在も、非合法移民に在留資格を与え、米国経済の発展に貢献してもらうという発想でオバマ大統領は移民政策の改革に取り組んでいるとされる。

かつてアフリカ系アメリカ人が1960年代に公民権運動を展開するなかで、「われわれは克服する！（We shall overcome !）」をスローガンに、同名の抗議歌を歌いながらストリートを行進した。そして、いまラティーノ/ヒスパニックは、圧倒的な人口の大きさを活かして、「われわれは数で圧倒する！（We shall overwhelm !）」と社会運動を行う際、声を合わせている。しかし、かつての公民権運動の時代とは比較にならないほど個人の生き方は多様化している。そもそも、ラティーノ/ヒスパニック集団のなかにはさまざまなエスニック集団が含まれる。世代も進んだため、そこには、さまざまな立場や意見が存在する。ラティーノ/ヒスパニックの人びとが向かおうとする方向は必ずしも同じではない。

●基本データ……………………………………………………………………
　☆ラティーノ/ヒスパニックは、メキシコ、中米、カリブ海、南米のスペイン語圏から来た人、および、その子孫のことである。場合によっては、スペインから来た人も含まれる。
　☆米国におけるラティーノ/ヒスパニックの推定人口は約5,300万人で、全米人口の約17％を占める（2012年7月時点米国国勢調査局による推測）。米国において、もっとも規模が大きいマイノリティ集団である。
　☆最大エスニック集団は、メキシコ系で全体の約65％を占める。次に、プエルトリコ系、サルバドル系、キューバ系、ドミニカ系となっている（2011年度国勢調査局調べ）。

☆ラティーノ/ヒスパニック人口の多い州は、上位からカリフォルニア州、テキサス州、フロリダ州、ニューヨーク州である。
☆米国国勢調査の2000年度から2010年度までのラティーノ/ヒスパニック人口の増加の内訳は、自然増加によって64.2％、移住によって35.8％となっている。

……………………………………………………………………………………

【注】
1）2010年度米国国勢調査およびPew Research Center Tabulations of the 2011 American Community Survey.
2）ラティーノ/ヒスパニックとは異なり、アジア系の人口増加は主に外国からの流入によってもたらされている。米国国勢調査局 "Asians Fastest-Growing Race or Ethnic Group in 2012, Census Bureau Reports"（オンライン報告2013年6月13日発表）http://www.census.gov/newsroom/releases/archives/population/cb13-112.html
3）現在、政府系調査機関は「ヒスパニック」にスペイン系を含めている。スペイン系が「ラティーノ」あるいは「ヒスパニック」（とくに「ラティーノ」）であるかどうかについては賛否が分かれる。
4）実際の数字は、発表されている数を大きく上回るだろう。米国には、世界中から移住者がさまざまな手段を使って入国してくるため、正確な人口統計をとることは非常に難しい。そうしたなかで、米国国勢調査局は、全米でもっとも網羅的に統計をとる機関である。
5）近年、この語の広まりとともに、米国以外に居住する人にも適応されている。たとえば、ヨーロッパや日本においても、「ラティーノ」という語がメキシコ、中南米、スペイン語圏カリブ海地域出身者やその子孫らに使われている。また、現在は上記の地域にいる人に対しても使われるようになっている。一方、「ヒスパニック」に関しては、こうした変化はみられない。
6）スペイン語圏ではない中南米やカリブ海地域出身の人のなかにも、ラティーノあるいはヒスパニックと自覚する人はいるだろう。公用語がポルトガル語のブラジルから来た人や、公用語が英語のベリーズから来た人のなかに、ラティーノ/ヒスパニックというアイデンティティをもつ人がいる、というような例である。ちなみに、ベリーズの公用語は英語であるが、スペイン語を話す人が多い。
7）ラティーノ/ヒスパニックの出身地には、世界から移住者がやってきている。国や地域の名前を冠して〇〇系といっても、そこにはすでに多様な文化のバリエーションが含まれることを覚えておきたい。
8）米国政府は遅くとも1920年代には使用していた。

9）米国政府機関の統計などで広く使用されるようになるのは1990年後半以降である。スペイン語では、女性を表す場合は「ラティーナLatina」となるが、本書では「ラティーノ」に統一する。「ヒスパニック」よりもスペイン語話者であることの示唆がやや弱い。そのため、場合によっては、ブラジル人など非スペイン語圏の南米系のなかでも、稀に使われることがある。

10）Pew Research Hispanic Trends Project. "When Labels Don't Fit: Hispanics and Their Views of Identity"（オンライン報告2012年4月4日発表）http://www.pewhispanic.org/2012/04/04/when-labels-dont-fit-hispanics-and-their-views-of-identity/

11）米国国勢調査局Facts for Features: Hispanic Heritage Month 2013. "Income, Poverty and Health Insurance Coverage in the United States: 2011"（オンライン報告2012年9月12日発表）http://www.census.gov/prod/2012pubs/p60-243.pdf

12）Pew Research Hispanic Trends Project. "Hispanic High School Graduates Pass Whites in Rate of College Enrollment: High School Drop-out Rate at Record Low"
（オンライン報告2013年5月9日発表）http://www.pewhispanic.org/2013/05/09/hispanic-high-school-graduates-pass-whites-in-rate-of-college-enrollment/

13）たとえば、ポルトガル語が公用語のブラジル出身の人であっても、チリ系の家庭ではスペイン語が話されるだろう。こうした場合、当人はラティーノ／ヒスパニックだと思っているかもしれない。

14）ラティーノ／ヒスパニック市場に注目する企業や政治家らは、相手にする人びとやその時の活動内容に応じて「ラティーノ」と「ヒスパニック」両方の語を駆使している。

15）通常、スペイン系はこうした差別の対象にはならない。米国におけるスペイン系の扱いをみて、ラティーノという分類にスペイン系は含まれないという主張があるのだろう。

16）その他、（非ヒスパニック）白人9％、（非ヒスパニック）黒人17％、アジア系28％となっている。Pew Research Social and Demographic Trends. "The Rise of Intermarriage Rates, Characteristics Vary by Race and Gender"
（オンライン報告2012年2月16日発表）http://www.pewsocialtrends.org/2012/02/16/the-rise-of-intermarriage/

17）日本人排斥の動きは19世紀末にすでに起こっている。優生学の影響下、北ヨーロッパ系は優れた民族として優遇された。中国人は1882年から排斥されている。

18）以前から大勢のメキシコ人が米国へ職を求めてやってきていた。入国管理がなかったため、1924年以前のメキシコ人の入国者数についてはわからない。

19）正式名称は、「移民および国籍法Immigration and Nationality Act of 1965」。米国

の移民法は改正が繰り返され、非常に複雑である。現行の移民法は基本的に1965年の改正移民法に基づいている。
20) この時期、とくにアジア系の急増が激しかった。1970年代には、全移民の4割がアジア系となった。
21) 滞在資格を得てから正規に労働する権利を獲得するまで、また、市民権を得るまでには長い時間がかかったが、その間、自由に出国することができなかった。
22) 多様化プログラムでは、対象国に5万件の永住ビザが発行される。
23) アフリカ系アメリカ人のブラウンさんが、自身の子が近くの(白人専用)学校に通えないことは違憲である、とカンザス州トピカで訴えをおこし、1954年に最高裁判所が公立学校における白人と黒人の分離を定めた州法を違憲とした判決。
24) David J. Leonard and Carmen R. Lugo-Lugo (eds.) Latino History and Culture: An Encyclopedia. Sharpe Reference: New York. 2010. pp.166-171.
25) 就学前の児童に対して米国保健福祉省が提供する教育プログラム。とくに貧困家庭の子が学校教育を始めるにあたって不利にならないように、初等教育、医療、食などを提供するというもの。
26) テキサス州では、1981年までバイリンガル教育が公的に施行されなかった。2002年に廃止された。
27) 英語公用語運動に対して、1980年代半ばから、多言語を推奨する「イングリッシュ・プラス」運動も起こった。主にロードアイランド州、ニューメキシコ州、オレゴン州、ワシントン州で支持された。
28) 非合法移民に対する教育、医療、福祉の公共サービスを受ける権利を取りやめるとした。結局、施行されなかった。
29) マイノリティ集団が歴史的・社会的に平等に扱われてこなかった経緯を鑑みて、その結果生じている格差を是正するための措置。大学など公的教育機関ではマイノリティ集団の特別枠を設定し、優遇措置をとった。
30) アリゾナ州のSB1070には、①移民に対して、合法的な滞在をしていることを証明する書類の携帯を義務づけ、②「不法移民」による求職や就労を違法とし、③「不法滞在」の疑いがある移民は令状なしに逮捕できる、という内容が含まれる。最高裁判所はこれら3つを違憲とした。しかし、警官による移民の在留資格の確認に関しては容認された。オバマ政権は「州政府の権限を越えている」として撤廃を求めた。

第2章　メキシコ系

1　はじめに

　メキシコ系とは、メキシコ合衆国（以下、「メキシコ」とする）から来た人、および、その子孫である。メキシコは、米国の南で国境を接している。
　2010年度の米国国勢調査によると、メキシコ系人口は前回2000年度の人口2,060万人から54％増え、3,180万人となった。また、最新の国勢調査局のデータによると、推定人口は3,370万人となっており、そのうち、メキシコ生まれは1,140万人である（2012年時点）。
　ラティーノの全人口は、2000年度から10年間で1,520万人増加したが、その4分の3に相当する1,120万人がメキシコ系である。陸続きのメキシコからは非合法で入国する人が多い。現在、1,100万人から1,200万人と見積もられている米国内の非合法移民総数のうち、約60％はメキシコ人であると推定される。
　再び移住者の流入が増加する可能性も大いに考えられるが、1970年代から続いていた大流入は2000年代半ば以降、緩やかになっている。その原因として考えられるのは、強制送還の増加、国境付近での犯罪の横行、国境警備の強化、米国の移民排斥運動の高まり、米国経済の停滞（とくに建設業）、メキシコにおける出生率の低下と順調な経済成長などである。ピューヒスパ

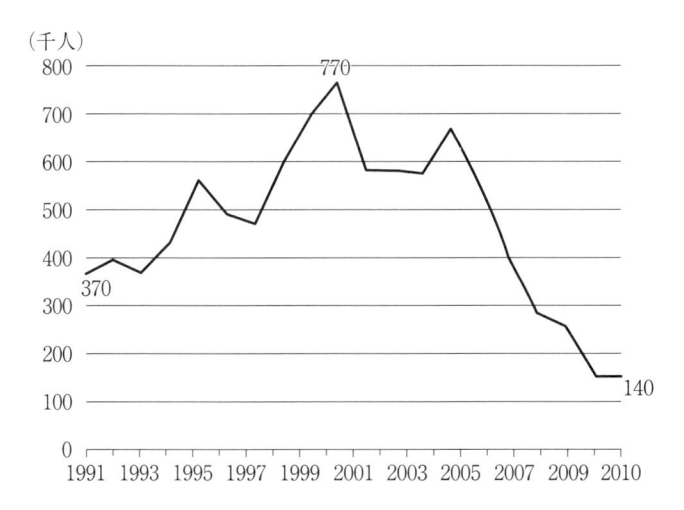

図2-1　メキシコから米国への年間移民者数（1991～2010年）
（出典：Pew Research Center）

ニックセンターによると、非合法のメキシコ系移民の数は、2007年には約700万人だったが、2011年には約610万人にまで減少したとしている[1]。合法移民に関しては、2007年に560万人、2011年580万人と緩やかに増加した。

　1995年から2000年の間、メキシコから300万人が米国に入国しているが、2005年から2010年の間では、140万人にまで減少している。逆に、米国からメキシコに移住したメキシコ系は2005年から2010年の間、140万人となり、その前の5年間よりも2倍多くなった。ここ1、2年間に関してはメキシコへ移住する人の数がメキシコから米国へ移住してくる人を上回っているとされる[2]。

　しかし、メキシコからの移住者の減少について、マスメディアが大きく扱うことはなく、依然、メキシコから国境を越えて入国する者に関する報道や、「不法移民」に対する米国政府の措置に対する市民の不満に焦点を当てた報道が目立つ。

　非合法移民の減少がこの先どれだけ続いていくのかは不明だが、1970年代から続いていたメキシコ人の大流入は、過去およそ10年を見る限り、ひと

まず落ち着いたとみてよいだろう。

　現在、メキシコ系人口の約3分の2は米国生まれであり、メキシコ生まれの移民約3分の2が1990年以降に米国にやってきている。全体として、メキシコ系の教育レベルは低く、25歳以上で大卒以上の学歴のある人は約10％である（ラティーノ全体では13％）。しかし、米国生まれとメキシコ生まれのメキシコ系それぞれについてみると、前者が15％、後者が6％となり、米国生まれのメキシコ系の方が高い教育を受けているとわかる。平均年収に関しても、米国生まれのメキシコ系は平均2万2,000ドルであるが、メキシコ生まれの場合1万9,000ドルとなっている。メキシコ系は主流社会に同化しないといわれるが、社会階層、教育経年、居住地域、世代などによりメキシコ系社会は異なる。

2　米国とメキシコの歴史的背景

　当時の世界最強国イギリスとの戦い（1775〜1783年）に勝利した米国は、領土の拡張に意欲的になり、ルイジアナ[3]を購入した（1803年）後は、次なる標的を南のスペイン領とした。

　当時、スペインの植民地（現、メキシコ）では、1810年から独立革命がはじまり、1821年に独立を果たすが、長期にわたる戦いで国内の経済は疲弊していた。勢いづく北の隣国を懸念しつつも、北方領土を統治する経済的余裕はなかった。そうする間も、メキシコの領土にはアングロ系が続々と流入し、両国に緊張が高まった。そして1836年3月、メキシコの領土であった、現在のテキサス州およびその周辺付近がテキサス共和国として独立を宣言する[4]。以来、それを承認する米国と、否認するメキシコの関係は悪化の一途をたどる。ついに、1845年12月、テキサス共和国が米国に加入したことを契機に、米墨戦争（1846〜1848年）が勃発する。その結果、米国が勝利し、グアダルーペ・イダルゴ条約により、メキシコはそれまでの国土の半分以上

に相当する領土、現在のカリフォルニア州、ネバダ州、ユタ州全土と、アリゾナ州、コロラド州、ニューメキシコ州、ワイオミング州の一部を1,500万ドルで米国に割譲し、テキサス州のリオ・グランデ（川）を国境と認めさせられた。1840年代半ばから米国は、「マニフェスト・デスティニー（明白なる運命）」のスローガンを掲げ、新しい領土の獲得に乗り出していた。この買収については、いまもメキシコ人/系と米国政府の間で議論が続いており、訴訟も起きている。

　メキシコが多くの領土を失った直後、カリフォルニア州で金鉱が見つかり、ゴールドラッシュが起こった。1845年には、米国はガズデンを購入し[5]、現在のニューメキシコ州南西部とアリゾナ州南部を正式に譲り受けた。さらに1853年には、メキシコから、現在のアリゾナ州とニューメキシコ州の南端部にわたる土地に対して1,000万ドル（当時の連邦政府予算の約6分の1）を支払い、自らのものとした。以後、現在に至るまで、米国とメキシコの国境は変わっていない。

　土地の所有者が変わる以前から居住していた人びとは7万5,000人から10万人いたとされる。○○系アメリカ人という呼びかたは、通常、本人あるいは先祖がかつて米国へ移住してきたことを前提とするが、この時に米国に組み込まれたメキシコ系の場合、自らが移動することなしに、メキシコ系アメリカ人になった人びとである。移動したのは人ではなく、国境であった。これまで、主流社会の差別的な扱いに対する抗議活動などの場で、「そもそも私たちは国境を渡ってきたのではない。国境が私たちの頭上を越えていったのだ」と南西部のメキシコ系らは声を合わせて主張してきた。

　1849年のゴールドラッシュ以降、1860年代の鉱山ブーム、1889年の鉄道敷設など大きな事業がこの新たに獲得された米国の地で展開されてきた。当初の約束では、旧住民（元メキシコ人）たちの財産や居住に関する権利は守られるはずであった。しかし、続々とアングロ系がこの地に移住し、法が彼らに有利なように次々と改正されていった。新しく米国に組み込まれた地域には一獲千金を狙ったアングロ系が大勢流入し、「劣った人種」とされたメ

キシコ系に対する容赦のない暴力が横行した。アングロ系とメキシコ系の社会は当初から分離していたが、アングロ系の流入が大規模になる過程で、メキシコ系は自身の土地や資産を没収されたり、そうせざるを得ない状況を作り出されてしまった。そして、彼らは新興の白人中心となった社会の周縁に追いやられていった。

　州で発行される法令や告知には、英語ばかりが使用され、英語のわからないメキシコ系たちにとっては非常に不利となった。当時、ほとんどの人は英語をあまり理解しなかったため、土地所有に関する手続きが知らぬ間に不履行とされ、結局、土地を没収されてしまう人も多くいた。たとえば、カリフォルニア州では、1880年代までに、元メキシコ人の財産の大部分はアングロ系の所有になっていた。また、テキサス州でも、1901年から始まった石油ブームでアングロ系人口が急増し、メキシコ系は度重なる法改正により土地を奪われ、保障されるはずだった市民としての権利すら失うこともあった。旧メキシコ人（およびその子孫）たちはアングロ系の圧力のもとで、土地、財産、言語、文化などあらゆる側面で、「二流市民」としての待遇を甘受するしかない状況に置かれた。

3　北への移動

　スペインからの独立後、メキシコはイギリス、フランス、米国、スペインなどの覇権争いに巻き込まれ、内部政争によって国家の政治的混乱に長く苦しむことになる。不安定な政情は、民衆の生活にも悪影響を及ぼした。とりわけ、軍人ポルフィリオ・ディアスによる独裁政権下（1876～1911年）、当時、人口の85％を占める農民たちの生活が困窮化した。彼は近代化を図るため門戸を開放して外国からの投資を促し、交通機関や通信、農業、工業の開発を進め、国家の経済を発展させた人物として知られるが、その恩恵はごく一部のエリートたちの間にもたらされただけだった。アシエンダ（大規模

農場）で雇用されていた大勢の労働者たちは、農場を離れ、他の地域で職を探さざるを得ない状態に陥った。大半の人びとはとりあえずメキシコ市や北部へと向かったが、安定した生活を確保することは困難であった。

　19世紀後半から20世紀初めにかけて、メキシコの人口が増加したこともあり、過密化した都市部を離れ、人口の少ない北部へ移住する人が再び増えていった。その後、北部で鉱山ブームが起こり、輸出用農作物を作る農園での大量雇用が進むと北部への人口流入がさらに促された[6]。そして、1960年代、北部にフリーゾーン（輸出特別加工区）ができると、外国企業が誘致され、安い輸入品が町に出回るようになり、人びとは物質的に豊かな北の生活にあこがれを抱くようになった。そして、北への移住者がさらに増えていった。この頃の移住者には、農民だけではなく、エリート層も含まれていた。また、メキシコ中央部から北部へつながる鉄道が開通したことでも、北への人の流れに拍車がかかった。

　20世紀前半まで、国境間の往来は自由であり、国境を越えるという意識も人びとには希薄だった。米国側にとっても、新たに獲得した南西部（旧メキシコ領）には人口が少なく、進めていた鉄道敷設や農業において人手が常に不足していたため、低賃金で雇えるメキシコ人の流入は都合がよかった。メキシコ人が多く働いた場には、それ以前は中国や日本からの移民が多かった。しかし、黄禍論（19世紀半ばから20世紀初頭まで欧米で広く受け入れられた「白人人種」による「黄色人種」に対する蔑視や差別の思想）が広まると、メキシコ人との入れ替えが進んだ。メキシコ人は、東アジア人に比べて、南西部の厳しい労働環境に適していると考えられた。

4　大規模な移住

　メキシコ系は、長い間に渡り、米国経済を支えてきた重要な労働力である。米国南西部においては農業、鉱業、鉄道敷設事業に大勢が従事し、20世紀後半になると、それらに加えて、サービス業や製造業においても貢献した。ほとんどの場合、彼らの移住は経済的理由による。家族を養うためや子どもに高い教育を受けさせるために、雇用機会が多く、賃金の高い米国にやってくる。非合法移民の流入が問題化されるかなり前から、国境周辺の州では、メキシコからの労働力なしには成り立たない事業が多く存在していた。農業がその代表的なものである。

　メキシコ人の米国への移住のピークは、大まかに3つの時期に分けることができる。1つめの時期は19世紀後半から1930年まで、第2期は1942年から1964年までのブラセーロ・プログラムの時期、第3期は1970年以降から現在に至る。第1期と第2期に関しては、米国が直接関与した戦争と密接な関わりがある。第1次世界大戦（1914〜1918年）、第2次世界大戦（1938〜1945年）、朝鮮戦争（1950〜1953年）などで高まった需要や労働人口の不足を補うために、多くの労働力が必要とされた。1917年から1921年まで設けられた農場での一時的な雇用プログラムでは、約8万人のメキシコ人が米国で働き、米国の農作物の生産を支えた。一時的に雇用されたメキシコ人農民たちの半数以上が雇用期間の終わった後もそのまま米国に留まった。この傾向は、ブラセーロ・プログラムが始まるとさらに顕著になる。たとえ言葉も習慣も不慣れな地であるとしても、米国における雇用機会と高い賃金は、メキシコ人にとって魅力的だった。

　大半のメキシコ人/系労働者は、当初、テキサス州あるいはカリフォルニア州で農業に従事していたが、20世紀後半以降、全国に拡散するようになると労働者の種類も多様化していった。

　メキシコ人の米国への移住は19世紀から継続的にみられるが、米国政府

の受け入れ体制や経済状況により、合法と非合法の数の比率は変化してきた。たとえば、1924年の新しい移民法[7]の施行によって、国境の警備体制が整うと、国境の往来が制限されるようになったが、それ以降は、非合法的手段で米国へ入国を試みる人の数が増加した。さらに、1929年10月に世界恐慌が起こると、米国内の失業率が上がり、メキシコ人/系労働者に対する風当たりが強くなったことで、移民の数は減少した。米国経済において労働力の需要が高まると、外国人労働者の借り出しが積極的に行われ、不況になると外国人は「米国人から労働を奪う」として排斥運動が活発化する。また、排外的な世論の後押しを受けて、「不法」移民の取り締まりも厳しくなる。そうした煽りをもっとも受ける外国人がメキシコ人である。大恐慌の1930年代には50万人以上が強制送還されている。その半数が米国生まれだった。

　1942年から1947年、1951年から1964年にかけて、ブラセーロ・プログラム[8]（ゲスト労働者プログラム）が施行された。ブラセーロはスペイン語で「腕」の意味だが、転じて「雇用人」「労働者」を意味する。米墨の両政府間で取り決められたこのプログラムにより、米国政府は、戦争により不足していた労働力を補った[9]。メキシコ人は、主に農場や鉄道敷設現場での作業に従事した。ゲストワーカーとなったメキシコ人は米国の最低賃金にも満たない一日30セントから50セントの安い賃金で働くことになった。厳しい労働環境のもと、奴隷のように扱われることも少なくなかった。当時の非人道的扱いに対して、後に訴訟が起きている。

　このブラセーロ・プログラムによって、約500万人のメキシコ人が合法的に入国したが、この間、非合法的に入国した人の数は約700万人とされる。雇用期間が終わった後も、そのまま米国に留まる人が増え、やがて家族や親戚をメキシコから呼び寄せるようになった。このプログラムが始まってから、高い出生率とともに、米国のメキシコ系の数は急増していった。開始当初は南西部の州に人口が集中したが、次第にバリオの過密を理由に、他の地域へ転居する人も増えた。また、プログラムが終了した後も、収穫などの農業の繁忙期に、雇用主はメキシコ人を雇った。年季奉公人として働くために、時

期を見ながら非合法に流入するメキシコ人も多くおり、米国の農場経営主も、そうした労働力を見込んで事業を賄っている。現在の移民法では、非合法の移民を雇った事業主に罰則が与えられることになっているが、農業分野においてその摘発は少ない。

　ブラセーロ・プログラムが打ち切られてから間もなく、米国との国境に近い、メキシコのティファナ、シウダーフアレス、マタモーロスなどにマキラドーラと呼ばれる輸出保税加工区が設けられた。そこには、米国や日本をはじめとする多国籍企業の工業品製造に必要な原材料、部品、機器が無関税で持ち込まれ、大勢のメキシコ人が組み立て作業に従事している。マキラドーラによってメキシコ経済に繁栄がもたらされたと喜ぶ声の一方で、そこで働く人びとの劣悪な労働環境が問題となっている。たとえば、マキラドーラに多い電子機器工場やアパレル縫製工場では、「従順」で「扱いやすい」労働力が好まれて採用されている。多くの場合、それは雇用機会の乏しい地方出身で、学歴の少ない若い女性である。その労働環境は、暴力、ハラスメント、低賃金、長い労働時間、福利厚生の不備などにより劣悪である。そうした様子については、米国をはじめ世界のジャーナリズムがこれまで関心を示してきた。労働者、人権団体、学生らがともに参加した抗議活動や、工場労働者による暴動も起こっている。しかしそれでも、マキラドーラで働くしか選択がない人びとがいる[10]。マキラドーラで働く以外の選択となると、米国で働くことになる。そうなると、非合法で国境を越えるという大変な危険を冒さなくてはならない。国境を越えるためには、広大な砂漠地帯の横断を手助けする業者を探す必要があるが、非合法行為の介助には当然、悪徳業者が関わっている。「コヨーテ」と呼ばれる介助業者により、現金が奪われたり、高い支払い要求をされたりするケースも多い。最悪の場合、脅されて犯罪を共助した末に殺害されることもある[11]。

　1950年代から、米国は非合法移民の大流入を懸念し、さまざまな「作戦」を仕掛けるようになった。1955年までに約200万人のメキシコ人が強制送還された。しかし、強制送還されても、再び入国を試みる人は絶えなかった。

当時、米国市民の間でも、メキシコ系の人口の増加に対して脅威を感じる人が多くなり、1950年代には、「ウェットバック」とメキシコ系の非合法移民を示す言葉がよくメディアを賑わした。「ウェットバック」とは、米国側ではリオ・グランデ、メキシコ側では、リオ・ブラボと呼ばれる、国境と設定された川を渡って、非合法的に入国してきた人のことである。現在、蔑称とされるが、こうした語の広まりは、当時、非合法移民に対する世論が高まったことを表している。

メキシコ人の大規模な流入が始まったのは、1970年からの40年間である。1970年に米国に居住していたメキシコ人/系は100万人に満たなかったが、2007年には、1,250万人に膨らんだ[12]。メキシコにおける深刻な貧困、雇用不足、低賃金が米国への流れを生み出した。また、1980年代のベビーブームと1990年代の経済危機はその傾向に拍車をかけた。

1950年代まで、大多数のメキシコ系は農業従事者であった。1950年にはメキシコ系の50％が農村居住であったが、1960年には80％、1970年には90％が都市部居住となった。

米国の工業地帯には、工場で働くメキシコ系が集中して居住する街がある。そのような場所には、他のラティーノも集まってくる。大きな住宅街が形成

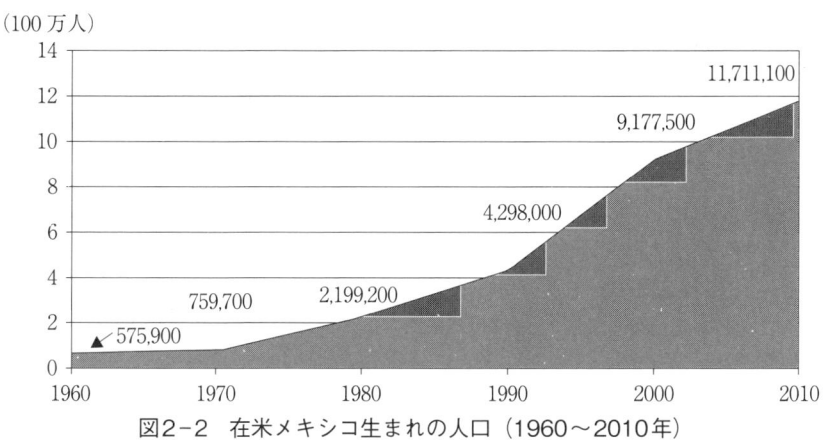

図2-2　在米メキシコ生まれの人口（1960〜2010年）
（出典：US Census Bureau's 1960-2000 decennial censuses, 2010 ACS.）

されるようになると、ショッピングセンターやホテルなどを中心に町が拡大していく。ショッピングセンターでは清掃係やレジ係、ホテルではメイドやバーテンダー、レストランでは洗い場係や給仕係などとして働くラティーノが多い。そうした場での雇用を見込んで、流入がさらに加速していく。

　近年、これまであまりメキシコ系人口が多くなかった地域に、メキシコ人/系が移住している。たとえば、ネブラスカ州やアイオワ州である。彼らのなかに非合法入国をした人が多く含まれるが、これらの地域に流入する理由は、肉をパッケージに詰めるなどの精肉業関係の仕事にすでに多くのメキシコ人/系が携わっており、雇用が見込めるからである。しかし、場合によっては、非合法に入国していることが判明し、最低賃金に満たない報酬しか支払われてないという実態がある。報酬が未払いという悪質な雇用例も報告されている。立場の弱い非合法入国者たちは、摘発を恐れながら、わずかな報酬しかない仕事に就いて、生計をたてている。ネブラスカ州のある精肉工場で行われた非合法移民の摘発では、一度で5,000人以上のメキシコ人が拘束されたこともある。

　厳しい移民政策を求める米国市民は、非合法移民が米国市民の税金を投入している社会のさまざまなサービスを利用していると非難するが、非合法移民の安価な労働力によって低価格商品が実現し、米国の消費者の利益になっているという面もある。

5　メキシコ系アメリカ人のアイデンティティ

　19世紀半ば、メキシコの北方領土が米国のものとなった時代に、メキシコ系アメリカ人が登場したとすると、米国のおけるメキシコ系の歴史は長い。現在の米国南西部にアングロ系が入植し、メキシコ系を支配下に置いていく過程では、アングロ系との混血化も進んだ。そして、社会的に有利に働くことから、自らを白人とする人は増えていった。当時、周縁化されていたメキ

シコ系にとって、アングロ系社会に同化することは避けられないことであった[13]。現在も、南西部に長く住んでいるメキシコ系のなかには、自らを「白人」とみなす人が多い。20世紀後半から流入してきた、褐色の肌をしたメキシコ系に全くつながりを感じず、なかには、彼らとは一線を画するために、自らをメキシコ系と自己規定しない人もいる。

さらに遡ってメキシコの歴史をみると、メキシコ人といってもそこには先住民系、ヨーロッパ系、アラブ系、ユダヤ系、アフリカ系など多様な文化的背景をもつ人が含まれる。移住後、彼らがどういった社会環境で生活するかによって、メキシコ系、ヨーロッパ系のメキシコ系、あるいは先住民マヤ系のメキシコ系など細かく分類されたアイデンティティが獲得されていたりもする。また、メキシコ出身というよりは、ユカタン地方やオアハカ地方など母国の特定の地域出身であることに誇りをもって生活している人びとも多い。ナショナルなアイデンティティだけではなく、エスニック出自、人種、宗教、出身地方、職業などさまざまな社会的指標に愛着をもって人は生活しており、それぞれの重要度は人によって、また同じ人であっても時と場合によって変化している。

これまでメキシコ系を表す言葉として広く使われてきた語に「チカーノ」がある。この語は、チカーノ運動が起こる1960年代までは、主にアングロ系によって使用される蔑称であった。しかし、チカーノが主導する抵抗運動が活発化すると、それまでのニュアンスは払拭され、当事者が自らを「チカーノ」という際には、自らの誇りを示す呼称へと変化した。それ以降、メキシコ系たちの間で「チカーノ」は広く使われるようになった。しかし、それからさらに時間が経ったいまでは人を呼ぶ際に使用されることは珍しくなっている[14]。若い世代の人びとは、もはや「チカーノ」は前の世代を表す古い呼称だ、と述べる。また、「チカーノ」には、すべてのメキシコ系が同じ政治的・社会的ゴールに向かって進もうとしている、というニュアンスがあり、それがいまはもう適さない、と考える人も多い。個々の価値観も多様化しているなか、もはや「チカーノ」という語のもとに、メキシコ系である

ということだけで人が集まることは少なくなっているのだろう。さまざまなアイデンティティを人が獲得し、使い分けながら生きているいまの時代にあって、特定の人の集団に対して、このように呼べばよい、というオールマイティーな呼称はもはやどこにも存在しない。

6　イーストロサンゼルスとズートスーツ暴動

　かつて集団を結束させたエスニシティにもとづく呼称の力は弱まっているが、それに代わって、自らが生まれ育った居住区〈バリオ〉に対して愛着を示す人は多い。メキシコ系のバリオとして、おそらくもっともよく知られるのは、イーストロサンゼルスである。この場所は、20世紀初頭からメキシコ系が多い場所であったが、人口が急増したのは第2次世界大戦時である。当時、メキシコ系はアングロ系社会で疎外され、酷い差別を受けていたが、この場所は彼らにとっての避難場所として機能した。労働や教育の場で差別され、街にはメキシコ系の立ち入りを禁じた施設が多かった時代、彼らが落ち着ける場所、自分たちの社会空間だと実感できる場所をもつことは重要であった。やがて、バリオのなかにはクラブやバーなどの娯楽施設も設けられていった。

　その後、このバリオで注目されたのが、「パチューコ」と呼ばれる新しいメキシコ系の若い世代だった。彼らは、自らの存在を際立たせるような格好や行動をした。彼らが好んだズートスーツと呼ばれるファッションがある[15]。肩幅が広く、膝くらいまであるジャケットに、たくさんのタックが入ったパンツを合わせる。原色のカラフルなスーツに、鎖のついた懐中時計や羽のついた帽子などもアクセサリーとして用いた。いろんなバリエーションがあるが、いずれにせよ人目につく派手な格好である。ズートスーターとも呼ばれた彼らの存在は、白人たちにとっては、同化しない、反抗的なメキシコ系集団を表象するものとされた。そもそも人口が急増していたメキシコ系に対し

て、白人は反感を示していたが、ズートスーツを着たパチューコの登場によって、両者の対立が頻発するようになる。1940年代にその対立はピークに達した。数々の暴力事件のなかでも、もっとも深刻な事態を招いたのが、1943年のズートスーツ暴動である。これは、白人海兵隊とパチューコたちの間で乱闘があった際、一人の白人が重傷となったことをきっかけに、暴徒化した大勢の海兵隊員が、ロサンゼルスの街でズートスーツを着用したメキシコ系の若者たちを手当たり次第に襲撃しはじめたことに端を発する。たちまち、当初参加していなかった白人も暴力に加わり、ロサンゼルス市内各地やサンディエゴからも多くの白人の若者がイーストロサンゼルスやその周辺に乗り込み、メキシコ系に暴力を振るった。白人の動員数は5,000人以上いたとされる。この間、他の大都市部でも、同様の暴動が飛び火した。数百人のメキシコ系が逮捕されたが、アングロ系は10人にも満たない者が拘束されただけだった。攻撃されるメキシコ系をロサンゼルス市警察は助けず、メディアも白人の若者側に加担し、パチューコが危険な存在であると報道した。また、ロサンゼルス市議会は、暴動の後、公共の場でのズートスーツの着用を禁じ、違反した場合、逮捕するという法案を通した。ズートスーツ暴動での経験を通して、メキシコ系集団の課題となったのは、自らを守る組織づくりであった。

　全米黒人地位向上協会など黒人の運動家たちも、この暴動について、政府に捜査を依頼するなど行動を起こしている。暴動の際には、アフリカ系アメリカ人やフィリピン系なども白人による暴行の被害にあっている。人種間の暴力事件は日常であったが、いかなる場合にも救済されない被害者である非白人たちは、そうした事件を経て、互いに協力しあい、連帯していった。

　この暴動を通して、パチューコたちは「メキシコ系の不良」として全国にその名を知られるようになった。彼らの親世代のなかにも、パチューコたちをよく思わない人はいた。しかし、主流社会に向かって、集団でメキシコ系としての誇りを表現しながら、異議申し立てをするという行動は、以前の世代にはみられなかった画期的な変化であった。この時代から、メキシコ系バ

リオ内部の世代間の差が、外部者にも示されるようになり、メキシコ系のアイデンティティのあり方も多様化していった。

現在、イーストロサンゼルスは他のメキシコ系バリオと比較して、古い世代のメキシコ系が住む場所とみられることが多い。新しい移民たちは、イーストロサンゼルスではない場所に別のバリオを作っている。ロサンゼルス市内では、ウエストロサンゼルスやミッドシティと呼ばれる地区一帯にメキシコ系や他のラティーノたちが多く住む場所がある。週末になると、家族で教会に出かける人びとでストリートは賑わう。また、メキシコ料理の食材や食べ物を売る露店がプラザと呼ばれる広場に集まり、その傍らには、木陰のベンチに腰掛けながら、近所の友人たちとタコス[16]を食べながら、おしゃべりを楽しむ人の姿が見かけられる。

写真2-1　15歳になった女性を祝う成人式キンセアネェーラのパーティーで踊る親子（撮影：筆者）

7　チカーノ運動

　ブラセーロ・プログラムが開始すると、労働者は組合を結成し、非人道的な労働環境や低賃金に対して抗議行動を起こしていった。こうした動きは1930年代にすでにあったが、この時期の行動は、主流社会に対する抵抗運動を全国的に進めることとなった。なかでも、大規模な活動を主導したのは、統一ラテンアメリカ系市民連盟（LULAC）である。米国主流社会への同化を勧めたと批判もされる保守系団体であるが、不平等な教育現場や就労の場に介入し、状況の改善を求めて抗議活動を指揮した。もっとも大きな成果となったものの1つに、1947年から1954年にかけて教育現場におけるメキシコ系の隔離を撤廃していったことが挙げられる。

　チカーノ運動は、1960年代後半から1970年代前半にかけて、もっとも活発化した。それまでのメキシコ系による抵抗運動と異なるのは、多くの労働者階級、若者、アーティストたちが参加して、メキシコ系の政治的活動と文化的活動をともに進めていったことである。その頃、メキシコ系社会にとって貧困や教育レベルの低さは深刻であった。たとえば、1960年、南西部におけるメキシコ系はアングロ系の半分に満たない収入しか得ておらず、居住に関しても、インフラが不備の住まいに暮らす人の割合がアングロ系の3倍以上であった。また、教育年数はアングロ系の4分の3で、メキシコ系の通う学校はあらゆる面で教育を受けるには不備な状態であった。南西部では、当時、「メキシコ系立ち入り禁止」の看板が至る所に掲げられていた。

　こうした現状を改善するためにそれぞれの地域で展開されていた小規模な運動が、1960年代半ば以降から、多様な人びと、多地域出身の人びとを巻き込む大きなものへと展開しはじめた。この運動にメキシコ系をさらに駆り立てていったのは、アフリカ系アメリカ人の公民権運動、また、国外では、キューバ革命、アフリカやアジアの植民地下での民衆運動であった。

　チカーノ運動としてはじまったメキシコ系たちの行動は、地域によって多

岐にわたる。ニューメキシコ州では、グアダルーペ・イダルゴ条約によって譲渡を迫られた土地の権利をめぐる議論が再燃し、デモが行われた。また、農場労働者の非人道的扱いに対して、カリフォルニア州やテキサス州などで労働者らによるボイコットが始まった。さらに、その他、メキシコ系が多い場所で、主流社会に不満をもつメキシコ系若者によるラディカルな行動が目立つようになっていった。同時に、それぞれのメキシコ系バリオでは、そうした闘いへの支持を表明するさまざまなアート活動がみられた。壁画、詩、文学、音楽、ダンスなどを用いて、メキシコ系としての誇りが外部に向かって積極的に表明されるようになっていった。

　コロラド州デンバーで、コミュニティ活動を主導していたロドルフォ・"コーキー"・ゴンサレスが発表した詩は多くのメキシコ系のアイデンティティのあり方に影響を及ぼした。

　「ぼくはホアキン」

　ぼくはホアキン
　混沌の世界でわけわかんなくなった
　グリンゴ[17]社会の勢いに足元すくわれて
　奴らの規則で混乱させられ、嘲られ
　巧みなごまかしに抑圧されて、近代社会に破壊された

　この作品は、この後も続く長い詩であるが、「ホアキン」はメキシコ人とメキシコ系の集団の記憶を呼び起こし、その延長戦上に自らを位置づける。そして、過去の英雄や文化遺産を受け継ぐ自己を認識した上で、メキシコ系として、たくましく、したたかに生きていくことを決意する。

　チカーノ運動を通して、メキシコ系住民らの間に、自分は何者なのか、という関心が共有されていった。その過程で、注目されていったのは、先住民文化についての見直しである。とくに、アステカ族のイメージがよく用いら

写真2-2　サンディエゴにあるチカーノパークの壁画
（撮影：新津厚子）

れたが、彼らの伝説により、発祥の地とされた「アストラン」がメキシコ系集団にとってのシンボルになっていった。考古学的に証明されないが、米国南西部から現在のメキシコに至るこの神話上の祖国は、メキシコ系らが米国にいることの正当性を保証するものとされた。祖国「アストラン」のイメージは、メキシコ系集団や彼らの文化における中心点となった。いまでも、バリオのなかのグラフィティ、ポストカードなどのみやげ物、タトゥー、アート作品のなかに多くそのイメージが描かれている。

　祖国アストランの共有は、メキシコ系やその文化における先住民のイメージを強いものにしている。チカーノ運動を通して、米国社会における白人か黒人かという固定的な2つの人種分類のなかで、メキシコ系はどちらにも属しない褐色（ブラウン）の肌をした人種であることを米国社会に訴えた。そして、「ラ・ラサ La Raza (the race)」と自らを称し、「褐色人種」である誇りを周囲に主張した。また、チカーノ運動により、強制された主流社会への同化やヨーロッパ中心主義的（白人中心主義）な価値観を拒否することも力強く表明した。

　さまざまなチカーノ運動のなかで、大きな功績を残したのは、農場でのボイコット運動だろう。その中心にいた人物がセサール・E・チャベス（1927

〜1993年）である。農場労働者だった彼は、ブドウやレタスなどの農場で働くメキシコ系、中南米系、フィリピン系の労働環境を改善するために活躍した。チャベスは、まずメキシコ系農場労働者たちを率い、ウエルタ・ドローレスとともに全米農業労働者組合（UFW）を設立した。そして、農園で働く農民たちに声をかけ、自律性の高い組合の結成を求めたり、ハンガーストや不買活動を呼びかけるなどした。チカーノ運動が全国に拡大し、賛同者を増やしていくにつれ、一般市民たちはメキシコ系農民の置かれた労働状況に注意を払うようになる。やがて、中南米出身者やフィリピン系などの移民労働者、一般の高校生や大学生なども活動に参加するようになり、運動が全国的なものになっていった。結果として、労働者たちの生活は大幅に改善された。チャベスが関わった1966年の抗議活動によって、ぶどう畑労働者の賃金は40％上がり、農家の健康保険制度や年金制度も以後、整備されていった。1975年には、南西部のブドウ農場で1700万人を超える市民が参加したボイコット運動が起こったが、その際、ロバート・ケネディ上院議員はチャベスのもとを訪れ、「私たちの時代の英雄」と彼を称えている。現在、チャベスの運動は、メキシコ系の運動としてではなく、米国労働史における重要な運動として認識されている。セサール・チャベスの姿は、バリオの壁画にもよく描かれている[18]。カリフォルニア州では、3月31日は「セサール・チャベスの日」とされ、祝日になっている。

8　米国文化に根付くメキシコ系文化

　多くのメキシコ系の文化が米国社会に浸透している。筆頭に挙げられるのは、メキシコ料理である。タコス、ブリート、エンチラーダ、タマレス、ナチョスなどは、白人たちの食生活にもかなり浸透している。メキシコ系のそれぞれの移住場所によって、テキサススタイル、サンフランシスコスタイル、ロサンゼルススタイル、ニューメキシコスタイルなど異なる調理法も発達し

てきた。とくにテキサスの「テックスメックス」料理は、メキシコ料理と似ているが、先住民やアングロ系の食文化との融合から生まれたものである。

　音楽に関しても、メキシコにおける伝統音楽がメキシコ系でない人の間でも広く親しまれている。たとえば、移民の悲哀、ロマンス、社会への不満を歌ったコリードと呼ばれるバラードやマリアッチと呼ばれる楽団の演奏する音楽である。また、米国のメキシコ系が作ったジャンル、チカーノロックやチカーノラップと呼ばれるものもある。まさにこれらは、メキシコ系の若者が米国社会におけるメキシコ系であるという主張を込めた音楽である。サブカルチャーのロック、R&B、ヒップホップ、ハウスなどさまざまなジャンルの影響下でも、メキシコ系は自らの音楽を作り出している。音や歌詞のなかには、彼らのメキシコ系としての経験が歌われているものもある。非メキシコ系の間でも、いわゆる主流社会のものではなく、チカーノロックが好き、チカーノラップが好きだという若者も多い。ポップカルチャーにおける「チカーノもの」はロサンゼルスが中心地となっている。

　メキシコの伝統音楽以外にも、いわゆる米国音楽であるジャズ、ブルース、R&B、USポップスなどの分野で活躍するメキシコ系も非常に多い。よく知られているところでは、ギターリストとして名高いカルロス・サンタナ（ジャズ、ロックなど）、テハーノと呼ばれるテキサスのメキシコ系音楽を全国に広めた歌手セレナ、公民権運動に影響を及ぼしたフォーク歌手ジョアン・バエス、ラップメタルの音楽バンドRage Against The Machineのラッパーおよび歌手ザック・デ・ラ・ロチャ、俳優でもあるポップ歌手セレナ・ゴメスなどである。ミュージシャン、俳優、スポーツ選手など、人気のあるセレブリティに少なからずのメキシコ系がいるが、メキシコ系であると知られていない人も多い。このことは、米国におけるメキシコ系の長い歴史を思い出させる。おそらく比較的新しいサルバドル系やドミニカ系の人であるならば、エスニシティへの愛着を活動のなかで積極的に表明するだろう。

　米国に来たばかりの人から、何世代も米国にいるという人まで幅広いメキシコ系集団全体をみると、比較的最近やってきた他の集団に比べて、同じ集

団であるという結束力は弱くなっているといえるだろう。

●メキシコ系基本データ……………………………………………………………
　☆メキシコ系とは、メキシコ合衆国から来た人、および、その子孫のことである。
　☆メキシコ系は米国最大のマイノリティ集団である。
　☆米国における推定人口は約3,370万人である。この内、メキシコ生まれは1,140万人である（2012年時点）。
　☆全米のラティーノ集団でもっとも大きく、全体の64％を占める。全米人口においては11％を占める。
　☆米国と国境を接するメキシコからは、非合法移民も非常に多い。しかし、非合法移民の数は、取り締まり強化、厳罰化、米国市民による反移民の風潮などにより近年減少傾向にある。
　☆メキシコ系が多い州は、上位から順にカリフォルニア州、テキサス州、アリゾナ州、イリノイ州、コロラド州である。全体的にみると米墨国境の周辺の州に集中しているが、メキシコ系人口は全国的に拡散する傾向にある。
　☆メキシコ系集団全体の人口増加は、移民の増加によるよりも、米国内における出生率の高さが要因となっている。
……………………………………………………………………………………

【注】
1）Pew Research Hispanic Trends Project. "Net Migration from Mexico Falls to Zero-and Perhaps Less"（オンライン報告 2012年4月23日発表）http://www.pewhispanic.org/2012/04/23/net-migration-from-mexico-falls-to-zero-and-perhaps-less/
2）同前掲。
3）今日のルイジアナ州からモンタナ州を経てカナダ国境付近まで、15の州にまたがる北西にのびる地域一体（面積200万km²以上）をフランスから1500万ドルで買収した。ルイジアナ購入によって米国の面積は2倍になった。獲得したルイジアナの面積は、日本の約6倍に相当する。
4）スペイン領だったテキサスは、メキシコがスペインから独立した際、メキシコの領土となった。
5）ジェームズ・ガズデンがヒラ川の南側7万6700km²の領土をメキシコから購入した。
6）メキシコ北部の農園では、労働者が北（米国）へ流出することを防ぐため、比較的高い賃金が設定されていた。
7）この移民法では、南ヨーロッパや日本など特定の地域からの移民の入国が拒否された。日本では「排日移民法」として知られるが、これは日本において、この時の移民法の内容をうけて作られた表現である。
8）メキシコ以外にも、バハマ、バルバドス、カナダ、ジャマイカからの労働者を受け入れている。
9）メキシコ国内でも高い失業率が問題となっていたため、メキシコ政府にとっても都合がよかった。
10）マキラドーラの工場からは、近隣の住民に非通知で汚染物質が排出されており、深刻な環境問題や健康被害をもたらしていることも明らかになっている。
11）過去6年間に6万人を超える人がドラッグ密輸がらみの犯罪に巻き込まれて殺害されている。
12）Pew Research Hispanic Trends Project. "A Demographic Portrait of Mexican-Origin Hispanics in the United States"（オンライン報告2013年5月1日発表）http://www.pewhispanic.org/2013/05/01/a-demographic-portrait-of-mexican-origin-hispanics-in-the-united-states/
13）現在のニューメキシコ州やテキサス州に相当する地域には、19世紀にメキシコシティで異端とされ、追放されたユダヤ教徒も住んでいた。
14）形容詞としては、政治性を少し加味したニュアンスで使用される。たとえば、「チカーノ文学」「チカーノ音楽」「チカーノファッション」など。

15) 他にも、アフリカ系アメリカ人やフィリピン系の間でも好まれた。このファッションスタイルは1930年代からのものである。
16) トルティージャに肉や野菜を入れて、巻いたものにチリソースをかけて食べる。
17) 白人を意味するが、侮蔑的ニュアンスを伴うことが多い。ここでもそうであろう。
18) バラク・オバマ現米国大統領による児童向けの絵本のなかでも、チャベスは米国を代表する13人のヒーローの1人として紹介されている。Obama, Barack. Of Thee I Sing: A Letter to my Daughters. New York: Knopf Books for Young Readers. 2010. UFWのモットーとされたスペイン語での「シ、セ、プエデ（Si, se puede）」は、英訳すると、オバマの初回の大統領選時で有名になった"Yes, we can."である。ちなみに、「シ、セ、プエデ」は、大統領選よりずっと前から、メキシコ系をはじめとするラティーノたちの抗議デモでよく使われてきたフレーズである。

コラム 1

ユカタンからカリフォルニアへ──ある田舎町からの移民の歴史──

　ユカタン半島のほぼ中央部に位置するペト市は、人口2万2,000人程度の小さな（といってもユカタン州では14番目に「大きな」）自治体である。かつては鉄道の終点でもあり、天然ゴム採集の基地として栄えた町で、近隣に製糖工場なども作られたが、現在では産業はほとんどなく、トリシ・タクシ（自転車のハンドル部分にリアカーのような荷台をつけた、自転車タクシー）に乗った男たちが客待ちをしているような町である。
　産業のないこの町の経済を支えているのは、政府の様々な補助金を除けば、移民の送金である。ペト市からは、少なく見積もっても約5,000人がアメリカ合州国へと移住していて、その多くは、カリフォルニア州北部のサンラファエルという町とその近郊に住んでいる。ここではなぜペトからそれだけ多くの移民がアメリカに向かったのか、そしてなぜ彼らがサンラファエルに住むようになったのか、歴史的な経緯を説明し、現在のペトとサンラファエルを結ぶ移民社会について考察したい。
　私は2000年の5月に初めてこの町を訪れた。このときは目前に迫った大統領選挙についての聞き取り調査が目的だったが、インタビューに立ち寄った食料雑貨店には、なぜかゴールデンゲート・ブリッジの写真が飾られていた。なぜこんな田舎に、と思って店を切り盛りする女性に訪ねてみると、息子さんが2人サンフランシスコの近くに働きに行っているのだ、との答えが帰ってきた。そのときは「なるほど」としか思わなかったが、今から思えばこれが、私が移民について考えるようになった最初のきっかけであった。
　その後、アメリカに留学する機会をいただいて、大学での研究、そして日常生活を通じて、メキシコ系移民の重要性に気付かされた私は、自分がこれまで通ってきたユカタン州からも多くの移民がアメリカに向かっていることを思い出して、実地調査を試みた。行き先は、ペトからの移民が多く住んでいる、カリフォルニア州サンラファエルである。
　サンフランシスコからゴールデンゲート・ブリッジを渡って北側に広がるのが、マリン・カウンティである。このマリン・カウンティにサンラファエルという町

があり、ベイエリアの中でも裕福な人々が住む地区として知られる。しかし、実は移民の人口も多い地区である。その理由は、こうした高級住宅地が様々な形で移民による「サービス」を必要としていることである。中流家庭の庭仕事やハウスキーピング、そしてレストランや高級ショッピングモールで必要とされる労働力を、彼らは担っているのだ。2009年の統計によれば、サンラファエルの人口は約5万6,000人、そのうち白人系の家庭が63％、ヒスパニック系が25％となっている。

とはいえ彼らは、同じところに住んでいるわけではない。サンラファエルの中心部が白人の居住区なのに対して、移民たちは運河を隔てて反対側にある「カナル地区」に住んでいる。そこは、まるでメキシコか中米のどこかの町のようだ。あたりを見回しても、私自身をのぞけば東洋系（少なくとも東アジア系）の顔は全くと言っていいほど見られず、白人の姿もほとんどない。ショッピングセンターにあるレストランも、ハンバーガー屋やダイナーではなく、タコス屋だ。また、メキシコ風のパン屋もある。つまり、この町は2つの地区に分かれ、アメリカ人と移民の間で住み分けができていて、お互いがお互いを必要としているのである。もちろん、こうしたヒスパニック系住民の全てがペトの出身者というわけでも、ペト出身者の全てがサンラファエルに住んでいるわけではないが、それでもペトの人々にとって、サンラファエルは「アメリカ合州国」の代名詞なのである。

ペトからサンラファエルへの移民が始まったのは比較的新しく、1970年代の終わり頃であった。もちろんそれより前にブラセーロ計画でアメリカに渡った人もいたが、ユカタンの僻地ということもあって、その数はごく僅かだったのである。ペトからの移民のきっかけを作ったのは意外なことに、ひとりの司祭であった。マリークノール伝道団に所属するアイルランド出身の司祭、トーマス・ゴーウィング師は1970年代後半にペトに派遣された。宗教活動に加えて、ボクシングなどのスポーツを通じて若者と親しくなった彼は、ペトを離れるにあたり、就職口もなく将来先の見えない若者たちに、自分が世話をするから次の任地カリフォルニアに一緒に来ないか、と声をかけたのだった。彼の招きに応じて最初にカリフォルニアに渡ったのはたった5人の若者だった。しかしひとたび人の流れができると、それはペトの若者たちの将来の選択肢の1つとなり、サンラファエルに渡るペトの住民は、20年の間に数千人にまでふくらむことになる。自分の起こした行動がそんな大きな変化につながるとは、司祭は想像もしていなかっただろう。

私が最後にサンラファエルを訪れたのは、2006年11月。移民の支援をしているNGOと、ペト出身者の集まりをたずねた。カナル・ウェルカム・センターというNGOは、英語ができない移民に対して、生活の中で必要となる書類の記入を助けたり、移民の子どもへの語学教育を行ったりと、語学を中心とした様々な支援活動を行っていた。多いのはやはりメキシコ人、そしてベトナムからの移民も多いという（ちなみにサンラファエルのアジア系人口の比率は約7％）。ここで学んだ子どもが戻ってきて、今度はボランティアで教えてくれる、と、代表の白人女性は話してくれた。夕方になると、別のNGOの一室にたくさんのペト出身者が集まってきた。あくる日のイベントに備えて、子供たちが伝統舞踊、ハラーナの練習をしていた。一見地味な踊りだが、ステップがスピーディーでなかなか難しい。親たち（そして私）はスペイン語で話しているのに、子供同士は英語で話しているのが不思議な感じがした。

　翌日の土曜日、「死者の日」のお祭りが近くの公民館で行われた。体育館のようなスペースに、それぞれの団体が思い思いに死者のための祭壇を作る。基本となる色は黒とオレンジ。ハロウィーンと同じだが、このオレンジ色はハロウィーンのカボチャと同時に、メキシコで祭壇に飾られるセンパソチトルという花の色にも由来している。祭壇には死者のためのいろいろなお供えが飾られる。町のメキシコ系パン屋で調達した「死者のパン」と呼ばれるこの日独特の甘いパン、サツマイモを煮たお菓子、果物、そしてペトの人々にとって大事な人や聖人の写真が飾られ、その中にはゴーウィング司祭の写真ももちろんあった。周りの他の祭壇にも様々な工夫が凝らしてあり、農民運動指導者でメキシコ系アメリカ人にとっての英雄的存在のセーサル・チャベスや、マーティン・ルーサー・キングの写真が多くのグループの祭壇に飾られていたほか、ベトナムのグループが作った旧南ベトナムの国旗の色をベースにした黄色の祭壇が、メキシコの祭壇にまじって飾られていた。そして夜になるといよいよ踊りの時間。前日しごかれていた子供たちが、見事なユカタンのステップを踏んでいた。

　このように、アメリカに渡ったペトの人たちは踊りなどの儀礼、そして食べ物といった形で、ユカタンとのつながりを保っているが、逆にこうしたアメリカでの経験を、ユカタンに持ち帰る人も多い。地元の元中学教師、アルトゥーロ・ロドリゲス氏の聞き取り調査によれば、移民の多くはレストランに働き口を見つける。最初は皿洗いにはじまり、次第に出世すると厨房やマネージメントを任されるのだが、中にはここで学んだ調理法をいかして、ペトにレストランを開く人も

いる。ペトの中央広場から2ブロックほどの場所にある「ロッキース・ピザ（スペイン語にはザ行の音はない）」は、ロッキーさんというあだ名のご主人が帰国して開いた店で、焼き具合もいいし、縁にもチーズが練りこんであったりと、芸が細かい。ほかにも、アメリカのファッション・グッズを売る店などが、町にはポツポツと見られるし、以前にくらべてウイピルと呼ばれる民族を着る人の数はかなり減っているように思われる。

　移民の送金が経済、そして社会にもたらす効果も見逃せない。町の中央広場には以前はなかった銀行の支店や、ウェスタン・ユニオンなどの送金会社の看板が並び、金額などはわからないが、仕送りがかなり流れ込んでいることをうかがわせる。アルトゥーロ氏の聞き取りにつきあったときに聞いた話では、闇送金をやっていた地元出身の移民も、一時は4人もいたそうだ（そのうち一人は銀行法違反で逮捕され、アメリカで収監されている）。こうした送金は、町の政治にも影響を与えている。2000年の最初の調査の時、前述のゴールデンゲート・ブリッジの写真がかかった雑貨店でこんな話を聞いた。当時の与党は70年間維持してきた政権を失うまいと、なりふり構わぬ買票作戦に出ていた。しかし雑貨屋のおかみさんは、息子たちの送金がある自分には、買票のために提示された金額は微々たる額で、全く関心がない、と語った。それまでであれば、必要に迫られてこうしたお金を受け取っていた人々もいたかもしれないが、移民の存在によって金銭感覚が変わったことで、政党に対してより自律的な態度をとれるようになったのだ。いいかえれば移民の送金は、間接的ではあるが、住民の政治意識を変えつつあったのである。

　最近では国境警備の強化や、そして何より2008年のリーマンショック以降のアメリカ合州国の景気悪化により、ペトに帰る移民も多いようである。その一方で、以前は村の祭りには必ず帰国していた人々も、アメリカへの再入国のリスクを嫌って帰省を控えているようだ。今後ペトの町が、アメリカへの移民とどのような関わり合いを続けていくのかは、不透明である。しかし、少なくともこの約30年の間に、ペトがアメリカとのつながりを通じて、大きく変貌を遂げたのは事実であり、今後も、すでにアメリカに住んでいる人々との関係の中で存在していくことは、紛れもない事実といっていいだろう。

渡辺　暁（山梨大学准教授）

コラム ②

メキシコ人移民ナイマとの対話から学んだこと

　2011年3月、調査のためテキサス州オースティンを訪ねたとき、筆者は、メキシコ人移民ナイマ・エルビラ（仮名）と知り合いになることができた。ここでは、彼女の移民としての個人的な体験をとりあげたい。私がチカーノ（ここではメキシコに出自を持つ米国人全般をさす）ではなくメキシコ人移民に興味を持ったのは、メキシコに留学してからのことである。メキシコに留学する以前、米国への留学経験があった私は、メキシコに対して移民送出国というマイナスなイメージを抱いていた。しかし、メキシコ・シティーに留学する機会に恵まれたため、このイメージとは全く違うメキシコ社会を体験することができた。メキシコ・シティーで知り合った友達のほとんどは大卒・定職持ちの中産階級で、移民送出国というイメージからはかけ離れた、いたって普通の生活を送っている。それも彼らは、自分の生活に満足し、とても幸せそうなのである。極めて幸福度の高いメキシコ人たちを見て、私は当初、カルチャーショックを受けたほどである。さらに、留学中、家族や親せきが米国に働きに出ている人と知り合いになることは、予想以上に少なかった（もしこれが地方だったら状況は違っていただろう）。移民送出国という悲観的なイメージと、私が体験した幸福度の極めて高いメキシコ社会との間の大きなギャップは、何処からくるのか。私は近年、この疑問を頭の片隅に置きながら研究を進めてきた。そして今回、ナイマの体験談が手掛かりになるのではと思い、彼女にインタビューをおこなった。

　ナイマは1985年、メキシコで第二に大きな都市グアダラハラで生まれた。家族構成は、父（現在54歳）、母（51歳）、長男（30歳）、本人（26歳）、次男（20歳）、次女（16歳）である。ナイマが生まれた時から、父は家族を養うため米国に渡り建設業に携わった。母は看護婦をしていたが、長男が産まれてからは父の要望で仕事を辞め、クリーニング店を営んだ。父の仕送りは1週間につき100ドル、母の稼ぎは2週間につき約2,000ペソ（2011年6月現在のレートは1ペソ約7円）。もちろんこの収入で家庭を養うのは大変である。実際ナイマが中学生の頃、夕食に食べるものが何もない、ということが何度かあった。そのため長女であるナイマは家計を助けなければならず、15歳から衣料店で働き始めた。月

曜～土曜、朝10時～夜8時まで働いて、収入は2週間につき700ペソであった。

　そしてナイマが17歳のとき（2002年）、エルピラ一家は父と叔母のいるオースティンに移住することとなった。母、ナイマ、次男、次女の4人は無事にビザを取得することができたが、兄は申請時すでに21歳（成人）であったため、ビザ発行を2度拒否された。そのため父はコヨーテ（密入国斡旋業者）に4,000ドルを払い、兄をオースティンに連れて来る手配をした。その後兄は、コヨーテに連れられて複数のメキシコ人と一緒に米墨国境地帯に行き、飢えと疲れで死にそうになりながらも、山のなかを3日間ひっきりなしに歩き続け、やっとの思いでオースティンに到着したのであった。山を越える途中では、一人の男性が蛇にかまれて重体となったため、その人だけ近くの民家にあずけ、一行は先に進んだと言う。米国に移住して9年が経過した今、エルピラ一家はオースティンでの生活に大変満足している。「ロサンゼルスに叔父と叔母が住んでいるけれど、向こうは生活費が高いうえに仕事がないから、オースティンに来たいみたい」と、ナイマは語る。

　ナイマはメキシコ人であることに誇りを持っている。しかし、愛する故郷に残ることはできなかった。なぜなら、メキシコで生活を続けていれば毎日働かなければならず、専門学校や大学で勉強を続けることは不可能であったからである。「メキシコでの人生は本当に辛いわ。欲しい物も夢も手に入れられないのだから。私は、ファッション・デザイナーになるために働きながら勉強し、英語を学んで、さらに良い人生を送りたかったの。悲しいけれど、この夢を実現することが可能なのは、メキシコではなく米国だったわ。もちろんメキシコが今より良い状態だったら、私は当然そこに残っていたわね。メキシコが大好きだから」。

　オースティンに来たナイマは、高校卒業資格が必要なため、17歳から21歳まで高校に通った。最初、英語が全く話せなかったので、授業についていくことができなかった。ナイマが通った高校は、ヒスパニック/ラティーノの生徒が70％を占め、このうち50％がスペイン語話者である。しかしこれらのスペイン語話者——特にチカーノ——は、メキシコ人に対し、貧しい、田舎者、低学歴、といった強い偏見を抱いており、ナイマにはとても冷たかった。例えば高校に入学した初日、ナイマは英語がわからなかったため、先生は翻訳できる人がいないか教室で尋ねたのだが、誰も名乗りをあげてくれず、大変悲しい思いをしたという。また、ナイマがスペイン語を話すことのできないチカーノの男子学生と付き合い始めたとき、周囲のチカーノはこぞってこの男の子に「なんでメキシコ人なんかと

付き合っているんだよ」と言ったという。このような経験から、ナイマの高校時代の友達は常にメキシコ人移民であった。モンテレー出身のメキシコ人男性との結婚を間近に控えたナイマは主張する。「自分の子どもはチカーノになってほしくない。誇り高きラティーノになってほしいわ」。私たちのような第三者はしばしば、メキシコ人移民とチカーノをひとつの集団として一緒に語ってしまう。しかしナイマの話に基づくと、メキシコ人とチカーノの間には、かなり深い亀裂があるようだ。

　そういえば、2年ほど前にメキシコ国立自治大学（UNAM）で知り合いになったチカーナも、メキシコ人をあからさまに差別していたし、メキシコ人からは差別されていた。私は彼女に自分をどのようにアイデンティファイしているのか、質問したことがある。すると彼女は、「日焼けした米国（アメリカ）人」と答えた。チカーノは、貧しく低学歴で田舎者のメキシコ人と自分たちを一緒にされたくはない、と思う。一方メキシコ人は、誇り高きメキシコの文化・慣習を忘れてしまったチカーノを蔑む。人にもよるとは思うが、チカーノとメキシコ人が理解しあうことは、相当難しそうである。

　ナイマは高校を卒業したあと、何度か転職を繰り返し、現在はオースティン・コミュニティ・カレッジに通いつつ、テキサス大学構内のカフェで上司の彼とともに働いている。月収は1,200ドル。「私、店員なのに、メキシコの大学教員と同じか、それ以上稼いでいるのよ」と、苦笑いしながら彼女は言った。ある日私は、ナイマに対するお客さんの対応を聞いてみた。すると彼女はこう答えた。「ほとんどのお客さんはいい人だけど、メキシコ人の客は感じが悪いの。この間、メキシコ・シティー出身の女の子がコーヒーを買いに来たんだけど、その子はあからさまに人を見下す感じで、金持ちに特有のアクセント（「ポテトひとつを口に含んだ話し方」と一般的に言われる）で話しかけてきたの。『私の家族は超金持ちで、どこそこに別荘をもっていて、高級の新車を何台も持っていて……』と言いたげな高慢な態度だったわ。そして、英語で何か質問してきたんだけど、聞き取れなかったから聞きかえしたの。そしたら『英語も分からないの？』って笑われたのよ。嫌になっちゃうわ」。ナイマはメキシコにいた時も、メキシコ人からよく差別されたという。グアダラハラのショッピング・デパートで買い物した時などは、見知らぬ金持ちからあからさまに面と向かって「なんて下品なの！」と言われたそうだ。

　階級社会かつ中央集権国家のメキシコは、都会に住む富裕層や中産階級の人び

とにとって、住み心地のよい国である。彼らは資金やコネ、情報を持っているので、メキシコにいてもある程度自分の夢を実現し、幸な人生を送ることができる。しかしそれらのものに恵まれない中産階級以下の人びと（特に地方出身者）は、メキシコで自分の夢を実現するチャンスが極めて少ない。その結果、ナイマのように向上心があり夢を実現したいと思う者は、親戚のいる米国に向かうこととなる。メキシコ・シティーは、メキシコの中でも政府機関や企業が集中する大都会であり、米国同様、地方出身の労働者を受け入れる場所である。だから私がメキシコ・シティーに住んでいて、ナイマのようなメキシコ人と知り合う機会は少ない。

　しかし地方に目を向けると、ナイマのようなメキシコ人はたくさん存在する。この中央と地方との間に隔たる大きなギャップは、メキシコが歴史的に中央集権体制を維持してきた結果であり、そのギャップを埋めることは極めて困難であろう。しかしナイマのような向上心のある移民たちが、それぞれの出身地の発展に何らかの形で貢献していけば、地方に住むメキシコ人の間では、祖国を去ることなく自分の夢を実現できる機会が徐々に増えるかもしれない。今後、米国に移住するメキシコ人とメキシコに残るメキシコ人のあいだではどのような関係性が構築されていくのだろうか。そしてその結果、メキシコではどのような動きが発生するのだろうか。これらの問題点に着目しつつ、私は今後も研究を進めていきたいと思う。

二瓶マリ子（メキシコ史研究者）

第3章　プエルトリコ系

1　はじめに

　プエルトリコは、カリブ海の大アンティール諸島の東、イスパニョーラ島とバージン諸島の間に位置しており、プエルトリコ島、ビエケス島、クレブラ島、モナ島などいくつもの島からなる群島である。一番大きいプエルトリコ島を指して「プエルトリコ」と呼ばれることが多い。「プエルトリコ」とは、「豊かな港」を意味する。
　1493年、クリストファー・コロンブスの2度目の「新大陸」への航海時に、プエルトリコは「発見」された。それ以前、その地域一帯に住んでいたのは先住民、主にアラワク系タイノ族であった。スペイン人がやってくるまで約3万人が暮らしていたとされる。
　1508年、スペイン人の本格的な入植がはじまり、翌年1509年、ホアン・ポンセ・デ・レオンが第1代総督になる。入植者らによるエンコミエンダ制（スペインによる植民地時代の信託制先住民支配）のもと、奴隷とされた先住民は、鉱物採掘や農作業など重い労役を担わされた。そして、過酷な労働により先住民の多くが過労死したり、自殺したりした。また、ヨーロッパから持ち込まれた病気によっても、免疫をもたない先住民がたくさん死亡した。やがて、先住民らの反乱が起こるようになると、その際も、大勢が殺された。

16世紀半ばに至るまでには、先住民は絶滅していた。不足した労働力を補うためにスペイン人は、16世紀初頭からアフリカ人奴隷を輸入するようになる[1]。奴隷制度のもとで、島のプランテーションの規模は次第に拡大し、砂糖、コーヒー、タバコ、生姜などが財源となった。

　先住民人口の減少とともに、先住民と入植者との混血が進んだ。他のカリブ海島嶼においてもそうだが、ヨーロッパからやってくる初期の入植者は大多数が男性であったことが急速な混血化の要因である。奴隷としてアフリカ人が島に「入荷」されるようになると、混血化はさらに進行していった。

　しかし、プエルトリコにおける奴隷の数は、カリブ海のなかでは比較的少ない。そのため、これまでの歴史におけるプエルトリコの政治や社会運動の大部分は、スペインに敵対心を持ったクリオージョと呼ばれる現地生まれのスペイン系や他のヨーロッパ系によって先導されることが多かった。

2　米西戦争以降のプエルトリコの動乱と社会

　19世紀後半、スペイン植民地時代のプエルトリコでは、独立を求める運動が活発化し、奴隷制度の廃止、（結果的に短期間となったが）自治政府の設立などを経て、それまでの植民地支配の形態が大きく変わっていった。同時期には、キューバでも独立戦争が勃発していた。米国はヨーロッパ列強間の対立が激化するなかで、海外領土の獲得を目論み、反スペインを掲げてキューバを支援していた。当時、米国国内ではマスメディアがスペインの非人道的植民地支配を盛んに報道し、スペイン支配に反対する世論を煽っていた。結果、建国以来初の国家的アイデンティティなるものが模索されるようになっていった。そうしたなかプエルトリコでは、キューバやニューヨークの活動家たちからの支持を受けながら、スペインからの独立を目指す大小さまざまな規模の反乱や運動が起こるようになっていた。たとえば、1868年には「プエルトリコ革命委員会」が設立され、スペイン植民地政府を批判し、

島生まれの人びとに暴動を盛んに呼びかける運動が起こっている。こうした新しい社会運動を理解するうえで重要なのは、島で生まれたクリオージョ[2]と呼ばれる人びとが中心となっていた点である。また、混血と奴隷を含む黒人たちもその運動に参加しており、職業をみても、土地所有者、農民、商人、奴隷など多様な人びとがそれに関わっていた。

　スペインにとってキューバとプエルトリコは、19世紀後半の「新世界」におけるもはや最後の足場になっていたため、両島で繰り返される反体制の動きをスペインは厳しく制裁した。しかし、それは内圧をさらに高めることになった。ついに、1897年11月、プエルトリコで初となる自治政府が承認されることになった。だが、島にその知らせが届いたのは1897年1月、新しい政府が誕生したのは翌月2月だった。そして、その後すぐに米西戦争（米国とスペインの間に起きた戦争）に突入したため、自治政府は束の間に終焉を迎えることになった。

　1898年、米西戦争に負けたスペインはパリ条約によって、フィリピン、グアムとともにプエルトリコを米国に割譲した。1900年、米国議会は島に議会を設立した。米西戦争で勝利した当初、米国は軍事支配を狙ったが、実行が難しいと判断し、1900年のフォラカー法によって、米国市民でも独立国の市民でもない「プエルトリコ人民」を誕生させた。米国は知事と行政評議会員を多数任命する権限を有し、現地プエルトリコ議会の決定に対する米国議会の拒否権も主張した。これに対してプエルトリコの人びとは強い反発を示し、独立を目指す運動が活発化した。

　1917年、プエルトリコ人に米国市民権[3]を与えることを宣言したジョーンズ–シャフロス法が制定されると状況は一変した。ジョーンズ–シャフロス法のもと、プエルトリコの自治が以前よりも許容され、独自に行う議会選挙も認められた。しかし、米国政府はプエルトリコ立法府に対する拒否権を保持しつづけ、1948年まで米国政府により知事が選出されていた。米国市民となってまもなく、島にいたプエルトリコ人約23万6,000人が徴兵登録し、1万8,000人以上が第1次世界大戦で従軍した。大陸部にいたプエルトリコ

系に関しては、当時エスニック集団別の記録がされておらず、不明である。

　米国支配のもと、プエルトリコの経済は大陸部からの梃入れによって急速に発展を遂げてきた。米西戦争後、プエルトリコ島の人口は急増し、島の経済に負担がかかるようになった。そこで、米国政府は灌漑や水力発電事業などに携わる企業を大陸部から誘致し、失業者が溢れる島に雇用をもたらそうとした。それによって大陸部からの企業主導によるインフラ整備が進んだが、島内部の産業は弱体化していった。世界大恐慌後の1930年代には、島の経済が破綻し、急激なインフレーションが起こった。人びとの生活の質が低下するなかで国民党は急進化し、警察との衝突事件がたびたび起こった。それにもかかわらず、自治権の拡大を目指して多くの人びとがデモに参加するようになっていく。1940年には、人民民主党が「パンと土地と自由を」というスローガンを掲げて政権を勝ち取ったが、政治的地位向上のための具体的な策を提示しなかったことに非難が集まった。

　また、プエルトリコの独立を党の綱領から外したことでは党内が分裂し、その結果、独立派がプエルトリコ独立党を結成した。1940年代、独立支持者と州への昇格支持者が急進化し、デモ活動や警察による弾圧など両者の暴力行為が頻繁に起こるようになっていった。そうしたなか、人民民主党が自治権の強化に向け始動すると、多くの人びとの支持を集めるようになった。そして1948年、初めてプエルトリコ人による選挙が行われ、人民民主党のルイス・ムーニョス・マリン知事が誕生した。以後、16年にわたり、彼はプエルトリコの自治権拡大のために尽力した[4]。彼の働きかけにより、1952年プエルトリコは米国の自由連合州になった。

　マリンは米国におけるプエルトリコ島の政治的立場に関する議論を活発なものにしたが、準州としての地位を支持した。そこで、独立派は運動を進め、島内各地で暴動を引き起こした。1950年11月1日には、2人の武装した独立派運動家が、当時、米国大統領だったトルーマンの滞在先だったブレアハウスに押し入り、その結果、暗殺を企てた1人と大統領の護衛官1人が射殺されるという事件が起きた。1950年代のプエルトリコは、ナショナリズム運

動がこれまでもっとも激化した時代である。

　1959年のキューバの共産革命後、プエルトリコ独立に向けた動きは弱体化し、現在では独立を目指す動きはすっかり下火となっている。独立運動があまり盛り上がらない理由は、独立によってこれまでの米国大陸部からの援助が絶たれることになり、商業が大幅に衰退するだろうとする見方が強いためである。大半の人びとは州への昇格か、現状維持かの2つの立場をめぐって議論している。これまで実施されてきた住民投票をみると、現状維持派がやや上回っている。しかし、近年、米国51番目の州への昇格を求める動きが活発化しており、2012年の住民投票では、州への昇格を求める人が6割を超えた。

　1952年以来、プエルトリコは独自の憲法を持っているが、連邦政府はプエルトリコ議会の決定を覆す権限をもっている。現在もプエルトリコ島民には大統領選における投票権が与えられていない[5]。また、プエルトリコ代表として連邦議会に送られる1名の議員にも投票権がない。

3　大陸部への移住の歴史

　プエルトリコ人の米国大陸部への移住は、それぞれの時期特有の歴史的・社会的背景や個人的理由によって促されてきた。たとえば、農業など伝統的産業の不振、深刻な貧困、高い失業率、人口増加による不安、ハリケーン被害、多発する犯罪、大陸部での豊富な教育機会などが大陸部への移住を動機づけてきた。また、大陸部で安い労働力に対する需要が常にあることもプエルトリコ人の移住を進めてきた。いずれの理由にせよ、ほとんどの場合、経済的豊かさを求めて人びとは移住している。近年では、スキルアップのためになる仕事や、よりよい賃金を求めて移住する人びとが増加傾向にあり、必ずしも島の貧困層が移住者の大部分を占めるわけではない。

　米西戦争以降のプエルトリコ島と大陸部間における人びとの移動のピーク

は、大きく3つの時期に分けることができる。まず1つは、プエルトリコ島が米国の領土となった1898年から第2次世界大戦までである。米国領となった後すぐに、プエルトリコから大陸部への大規模な集団移住が進んだわけではないが、米西戦争後の島の経済状況の悪化や人口過密の深刻化は大陸部への移住を促した。1910年ごろまでには、全米すべての州にプエルトリコ系が居住するようになっていたが、米国本土への移住が本格的なものになったのは1920年代以降であった。経済的理由から移住する人が大半であったにもかかわらず、移住先では、島の生活よりも苦しい生活を強いられる人が多かった。この時期の主な移住先は、ニューヨーク市、フロリダ州、ニュージャージー州、ハワイ[6]である。ニューヨーク市など北東部の州では製造業で働く人が多かったが、それ以外の場所ではほとんどの人が農作業に従事した。ハワイへの集団移住では、プランテーション経営の砂糖産業が主な雇用先となった。当時、プランテーションでは日系移民が多く働いていたが、ストライキが頻繁になり、日系に代わる労働者が求められていたところにプエルトリコ系が採用されていった。初期のプエルトリコ系の移住者は労働者階級の人が多く、契約労働者として農場で働くのは、たいていの場合、独身男性であった。

1920年代には、プエルトリコ自治政府の仲介契約による建設業労働者として、数千人規模のプエルトリコ人男性がジョージア州、ノースカロライナ州、サウスカロライナ州、ルイジアナ州などに派遣されている。同様に、ニューヨーク市のロープ工場やアリゾナ州の綿工場へはプエルトリコ人女性たちが労働者として送られている[7]。

1924年の移民法によってアジアからの移民が全面的に入国を禁止されたことを受けて(第1章参照)、アジア系労働力の代替になるプエルトリコ人の移住が促された。1925年、大陸部のプエルトリコ系人口は島の人口の2倍に達していた。

1940年代に米国経済が不況を抜け出し始めると、ニューヨーク市の繊維産業、その他の製造業、サービス業、また、ニューイングランド地方での農業

分野にも多くのプエルトリコ系が雇用され、もはや彼らの労働力なしには事業が成り立たなくなっていた。

　移住の2つめの大きな波は、第2次世界大戦後から1964年の間である。とくに、1950年代は「大移動の時代」と呼ばれる。自治政策のもと、島の経済は1940年代以降、工業化が進んだ。これは、米国政府の梃入れによってもたらされた。急増する島の人口や大勢のプエルトリコ人の大陸部への流入を引き止めるためにさまざまな策が講じられた。1947年から1951年にかけては、「ブートストラップ作戦[8]」が仕掛けられ、優遇税制などの誘致策に引き寄せられた電子機器、化学、貿易、製薬部門の多国籍企業がプエルトリコに進出してきた。なかでも製薬産業の進出は目覚ましかった[9]。1940年からの20年間の世帯所得は平均3倍増加した[10]。

　ブートストラップ作戦によって雇用が進み、大陸部への移動はしばらくの間、年平均2万人少なくなった。しかし、それも長くは続かず、再び移住者は増加した。長期的にみた際、移住者数は工業化によって大きく減少したわけではない。1950年代から1970年代の島の工業化はGDPを上げたが、経済的恩恵は島に居住していない大陸部の投資家たちにのみもたらされ、島民に還元されなかった。大陸部における戦後の好況で、低賃金労働者のニーズが常にあることを知る島民は安定した生活を大陸部に求めた。

　島の工業化が進められる一方で、伝統的な農業を営んでいた人びとの生活は困窮化した。とくに、さとうきび業に従事する農民の状況は深刻だった。結果、多くが地方から都市部へ移動した。地方よりは仕事があるとはいえ、人の流れが大きすぎたため、都市部の失業率は高くなった。地方出身者が集まる場所は過密化し、スラムが形成されていった。行き詰った末に、そこからさらに大陸部へ移動しようと決意する人が増加していった。この時期の航空運賃の大幅な値下げは、迷う人びとの背中を押すことになった。このような経緯で、1950年代以降、非熟練・準熟練労働者が大陸部に大勢やってくるようになった。

　大陸部では、移住者の増加によって労働者たちが組織を結成するようにな

り、政党代表者大会に投票する代議員も登場するようになった。この頃になると、移住者は家族単位で移動するようになり、ニューヨーク市など都市部を中心に定住する人が多数になった。都市部では、サービス業（ホテルの部屋係、レストランの給仕や調理係、スーパーマーケットの店員など）、プラスチックや食品関係の製造業、郊外では鉄鋼業関係の職に就く人が多かった。また、都市部中心および郊外ともに、女性を中心にアパレル工場で縫製の仕事をする人が数多くいた。さらに、女性の場合、白人世帯で縫製、洗濯、ベビーシッター、介護などの仕事をする人も多かった。プエルトリコ系に限らず、ラティーナ（ラティーノの女性たち）には家事労働をうまくこなす、というステレオタイプがあり、彼女らを好んで雇う白人は今でも多い。島から来てまもない人の場合、これらの仕事は英語の運用能力があまり要求されないため、都合がよい職となる。

　1950年代全体を通してみると、毎年平均4万5,000人、さまざまな地方出身者を含む総計47万人の労働者階級のプエルトリコ人が大陸部へと移動しており、大半がニューヨーク州とニュージャージー州に居住した。その他、シカゴの電子機器工場、フィラデルフィアの鉄鋼関係、オハイオ州のクリーブランドの鉄鋼業での仕事を見込んで移住した人が多かった。また、古くから

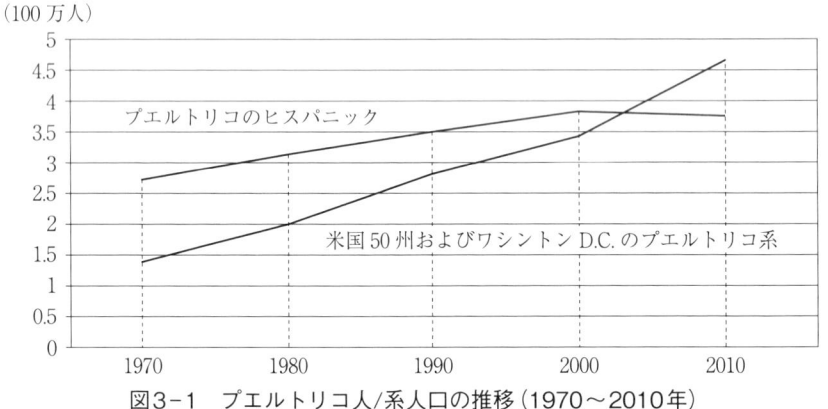

図3-1　プエルトリコ人/系人口の推移（1970～2010年）
（出典："A Demographic Portrait of Puerto Ricans, 2009" Pew Research Center をもとに三吉が作成）

プエルトリコ系を雇用していた中西部や東部の農場へ向かう人びともいた。

　第3の波は、1965年から現在にいたる。途中、たとえば1960年代後半や1970年代半ばに移住者の数が一時マイナスに落ち込んだ時期もあったが、全体的にみると、継続的に移住者は大陸部に流入している。移住者の数が減った主な理由は2つ挙げられる。1970年代初頭に、プエルトリコで賃金引上げ要求があった後、その成果がみられたことが1つ、そして、1970年代以降、ポスト工業化の進行によってニューヨーク市で多くのプエルトリコ系の就労先であったアパレルや他の製造業関係の工場が都市部から通勤の不可能な郊外や海外へ移転してしまったことがもう1つの要因である。ニューヨーク市にわざわざ出かけても職が見込めなくなったのである。そこで、逆にニューヨーク市に居住していたプエルトリコ系が島に帰る現象が起こり、しばらく、大陸部へやってくるプエルトリコ系よりも、島へ戻る人の数が上回る時期があった。しかし、その後1980年代になると、島から大陸部への人の流れが再び大きくなる。1980年代には、約11万人、1991年から1995年の間では約17万人がプエルトリコから大陸部へ移住しており、同時期の大陸部からのリターン移住者数を上回った。島から大陸部へ経済的豊かさや職を求めて移住し、その後、家族との生活を再開するために島へ戻る、そして再び大陸部へ、といった具合に、2つの場所を拠点とした生活がこの時期の典型的な移住パターンである[11]。他のラティーノと比較すると、市民権を持つプエルトリコ人/系の移動は頻繁である。

　東部海岸部や南西部で農作業に従事する人びとのなかには、人手が必要になる春から夏まで雇用契約を結び、夏が終わるとプエルトリコへ戻るという人が多い。冬に収穫期をむかえるさとうきび農家にとって、春から夏の間のみ大陸部で働くという雇用の形態は都合がよく、大陸部の雇用主にとっても賃金の安いプエルトリコ人/系は都合のよい労働力となっている。

　1970年代に入ると、ポスト工業化の影響でプエルトリコ系、アフリカ系アメリカ人、他のカリブ系やラティーノの低賃金労働者たちが職を得ることは非常に難しくなった。1960年代、プエルトリコ系の貧困率はアフリカ系アメ

リカ人を上回っていたが、1970年代にその状況はさらに深刻なものになった。現在も、大陸部のプエルトリコ系の貧困率は高く、約26％となっている。これは、ラティーノ集団のなかでもっとも貧困率の高いドミニカ系に次ぐ数字である。また、プエルトリコの島においても恒常的に貧困率は高く、2000年代まで50％を優に超えていた。現在も約45％（2013年時点）と非常に高い[12]。どちらの場所においてもシングルマザー率の高さと貧困が関係しているとみられる。

集団全体をみると貧困率は高いが、大陸部のプエルトリコ系のなかではミドルクラス層が増えている。1980年代以降、高学歴で専門職に就くプエルト

表3-1　プエルトリコ系の雇用にみる特徴（2010年）　　（千人）

	全体	ヒスパニック	プエルトリコ系
《雇用形態》			
雇用されている	139,103	20,739	1,691
雇用されていない	16,870	3,070	323
非雇用・求職していない	86,814	11,412	1,244
失業率	10.8％	12.9％	16.0％
《産業》			
建設、農業、鉱業	11,305	2,789	72
製造業	14,432	2,183	149
小売業、輸送	25,761	3,872	364
情報、金融、その他サービス	87,605	11,895	1,107
《産業》			
管理職、専門職、その他関連職業サービス	53,511	4,480	523
販売、事務業務	21,578	4,984	328
建設、採取、農業	8,075	2,495	60
管理、生産、交通、物資輸送	21,170	4,154	287

注：米国領土のプエルトリコは含まれていない。プエルトリコ系26,446人、ヒスパニック291,505人、全2,443,926人を対象に調査したもの。数値は概算によって導き出されたもの。

出典："Hispanic Trends Project" Pew Hispanic Center tabulations of the 2010 ACS (1%IPUMS sample) をもとに三吉が作成した。

リコ人が島から大陸部へ移住する傾向もみられる。大陸部では非熟練あるいは準熟練労働者がプエルトリコ系労働力人口の大部分を占めるが、大卒で専門職に就く人も増えてきている。ミドルクラス層には、郊外型居住の傾向がみられる。

　20世紀半ばまでにはすでにサンフランシスコなどカリフォルニア州の都市部に高学歴で専門職や管理職に就くプエルトリコ系が暮らす場所が存在していた。1980年代以降、大陸部のプエルトリコ系は全国に拡散する傾向があるが、全体的にみると、古くからの場所、ニューヨーク市周辺、ボストン、ワシントンD.C.の一帯にまだ人口の集中がみられる。プエルトリコ系が多いその他の地域としては、南部や中西部、とくにテキサス州、ジョージア州、ノースカロライナ州、フロリダ州中央部、シカゴ（イリノイ）、フィラデルフィア（ペンシルバニア）、ハートフォード（コネチカット）、カムデン（ニュージャージー）、ローレンス（マサチューセッツ）などが挙げられる。プエルトリコ系のコミュニティによって住民の教育レベルや平均収入はかなり異なる。オーランド市のオレンジ郡やサンフランシスコ市およびその近郊には、他に比べて高学歴で高収入を得る人の割合が高く、観光業、不動産業に従事する「ホワイトカラー」が多い。そうしたコミュニティの存在が知られると、他の地域からミドルクラス層のプエルトリコ系がそこに集中しはじめるといった現象も起きるようになっている。

4　ニューヨークのバリオ

　大陸部でプエルトリコ系がもっとも多く住む場所はニューヨーク市である。市内には、約80万人のプエルトリコ系がいる。プエルトリコ系の移住は、島がスペイン領であった17世紀から始まったが、その頃は職人や商人が中心であった。19世紀後半になると、製糖やタバコ製造関係者がマンハッタン島南部に居住するようになっていた。

マンハッタン区ではイーストハーレム（エル・バリオ）、リンカーンセンター周辺、チェルシー、ローワー・イーストサイド（「ロイサイダ Loisaida」とスペイン語風の読み方でラティーノたちに親しまれている）、ブルックリン区ではアトランティックストリート界隈、ブロンクス区ではサウスブロンクス周辺にプエルトリコ系が多い。

　1917年、プエルトリコ人に市民権が与えられると、約1万1,000人がニューヨーク市にやってきた。初期に移住したプエルトリコ人たちは、まずマンハッタン島の南東部にあるローワー・イーストサイド（ロイサイダ）にあるスペイン人経営のタバコ工場が立ち並ぶ区域に住むようになった。1920年までにはニューヨーク市に4万1,000人を超えるプエルトリコ系が居住していた。新しく到着した移住者はすでにプエルトリコ系が多く生活している「バリオ[13]」と呼ばれる彼らの居住区に住み着くようになった。1920年代の終わりごろまでには、イーストハーレムに多くのプエルトリコ系が居住するようになっていた。その後、世界恐慌の影響によって移住者は一時的に少なくなった。イーストハーレムは、プエルトリコ系たちによって「エル・バリオ[14]」と呼ばれている。行政機関によって指定された名前ではなく、バリオ居住者独自の呼称が使用されることに、その場に対する特別な愛着を感じる。この場所は、20世紀初頭からイタリア系、オランダ系、ドイツ系などが多く住む地となっていたが、1950年代までの大流入以降、プエルトリコ系コミュニティとして知られるようになっていく。プエルトリコ系の流入にともない、イタリア系をはじめとする旧住民はクイーンズ区やブロンクス区など他地域や郊外へ移住していった。近年では、プエルトリコ系がバリオから流出しており、代わりにドミニカ系やメキシコ系の流入が進んでいる。

　現在、エル・バリオの居住者の4分の1以上は、第2次世界大戦後にやってきた人びとである。1940年代に移住してきた人びとは、島での仕事と同じ職種に就く人が多く、男性のほとんどは非熟練、女性は準熟練労働者となる傾向があった。移住者の3分の1は、かつて経験のない職業に就いた。多くのプエルトリコ系は、工場の労働者、ホテル、レストラン、その他のサービ

ス業で働いた[15]。それらの賃金は、島で同じ仕事をするよりもかなり高かった。

　大陸部へのプエルトリコ人の大規模な流入が始まって以来、彼らの主な目的地はニューヨーク市であった。一時は大陸部の全プエルトリコ系人口の8割がニューヨーク州（主にニューヨーク市）に集中していた。しかし、1980年ごろからは分散傾向が見られ、現在では、ニューヨーク在住人口は全米プエルトリコ系人口の半数弱になっている。

　ニューヨーク市のプエルトリコ系人口は、1950年に約20万人だったが、1950年代の「大移動の時期」を経て、1960年には60万人、1970年には80万人を超えた。

　ニューヨーク市では1930年代にプエルトリコ独立のために結成された組織が誕生している。プエルトリコとニューヨーク市は密な関係をもち続けている。ニューヨーク市に居住するプエルトリコ系のなかには、頻繁にプエルトリコに戻り、政治的な活動をする人も多い。インターネットがなかった当時から、島の政治的・社会的変化にニューヨーク在住のプエルトリコ系がすばやく反応し、行動を起こしてきた。生まれながらに市民権をもつプエルトリコ人/系は移住後の早い段階から、自らのバリオや居住するコミュニティにおける政治、宗教、教育、文化などの活動に関わり、さまざまな組織を作ってきた。彼らのコミュニティが拡大するにつれ、選挙登録を行う人も急増した。政治活動への高い関心はプエルトリコ系の特徴としてラティーノの間で知られる。1966年には、プエルトリコ生まれのエルマン・バディージョがニューヨーク市のブロンクス区長に就任している[16]。

5　ニューヨークのジェントリフィケーション

　1970年代後半以降、ラティーノが多く就労する工場が次第に都市部から郊外や途上国へと移転し、都市部では失業者が急増した。ニューヨーク市のプ

エルトリコ系の大部分がすでに低賃金労働者であったにもかかわらず、工場での仕事を失った後、彼らはさらに安い賃金の職に就かざるを得ない状況に陥った。

　1970年代に入ると、ニューヨーク市は大々的な都市再開発に着手し、マンハッタン島では「ジェントリフィケーション（労働者階級の居住地区が高級化されること）」が進行した。低所得者の住む地区の不動産が売買され、その居住用建物が壊され、ミドルクラス層より上をターゲットにした商業施設がその場所に呼びこまれた。これによって、従来のコミュニティは解体され、経済力のない古くからの住民は立ち退きを迫られた。そうした場はラティーノ、アフリカ系アメリカ人、カリブ系らの多く住んでいた場所だった。

　当時、マンハッタン島のミッドタウンに多く住んでいたプエルトリコ系はブロンクス区などへと移動を迫られ、「プロジェクト」と呼ばれる低所得者向けの市営住宅に住むことになった。都市再開発によって旧来の居場所を失ったのは、さまざまなエスニック集団からなる人びとであったが、彼らに共通していたのは低賃金労働者であることだった。移住を迫られ新しく人びとが住むようになった一帯は、しばらくするとドラッグやあらゆる暴力が蔓延る場所となり、とりわけ若い男性らのギャングの抗争が頻発した。貧困は次第に深刻化し、将来を担うはずの若者が隣人同士の争いに負け、殺されていくことが日常化した。

　しかしやがて、若い世代のなかから、そうした状況に陥る若者たちを救おうという動きが出てきた。ニューヨーク市の公民権運動の一旦を担ってきたプエルトリコ系たちの活躍がそこにはあった。公民権運動は、アフリカ系アメリカ人によるものとみられがちだが、彼らとともに運動に参加していたプエルトリコ系は大勢いた。当時から今にいたるまで、プエルトリコ系のバリオ近辺や混住が進んだ地区において、プエルトリコ系とアフリカ系アメリカ人は居住場所を共有している。プエルトリコ系が多く住む場所には、他にも、ジャマイカ系、ドミニカ系などカリブ系やラティーノが多く住んでいる。エスニック集団は異なるが、「同じ地元」や「同じ黒人」という意識を共有しな

がら、若者たちはともに音楽を聴いたり、音楽に合わせて踊ったりするようになっていった。こうした文化交流の延長線上に、ヒップホップが生まれた。

1980年代以降、多くのプエルトリコ系は、ニューヨーク市を離れ、ニューヨーク州郊外や他の州へ移り住むようになっている。ニューヨーク市内でも、とくに家賃や物価が高騰するマンハッタン島（区）から他の区へ転居する人が増えている。古巣ローワー・イーストサイドやイーストハーレムからもプエルトリコ系人口が流出し続けた結果、今やニューヨーク市内でもっとも大きなプエルトリコ系のバリオは、マンハッタン区ではなく、ブロンクス区にある。

6　ニューヨリカンたちの文化活動

プエルトリコ系集団にとって、これまで困難であったのは厳しい差別の経験であろう。米国が非白人に対するあからさまな差別を合法としていた時代[17]から多くのプエルトリコ系がニューヨーク市に滞在していたが、彼らは黒人と同様、あるいはそれ以下のものとして扱われてきた。居住区、学校、職場などを共有することが多い黒人から受けた差別は、むしろ白人よりもひどかったと振り返る人もいる。そうしたなかで生きていくために、プエルトリコ系の人びとは結束を固めていった。

しかし同時に、大規模なプエルトリコ人の流入を経て、公民権運動も活発になると、アフリカ系アメリカ人とともに主流社会に対する抗議運動に加わる人も増えていった。そして、それに刺激を受け、プエルトリコ系バリオの具体的な事がらに対するプエルトリコ系たち独自の運動がさらに盛んに行われるようになった。

1960年代後半からプエルトリコ系の政治組織が目立った行動を起こすようになったが、なかでもよく知られるのは「ヤングローズ Young Lords」である。ヤングローズは、シカゴやニューヨークのプエルトリコ系たちが島の独

立運動やブラックパンサー党[18]に影響を受けて組織化した集団である。ニューヨークでは、教会や病院を占拠し、子どもたちのための福祉や医療サービスの充実、正当な市民権利の要求などの抗議活動を行った。同様の活動は、プエルトリコ系の多い他の場所、たとえば、フィラデルフィアやハートフォードなどにも広がった。地域を超えた一般プエルトリコ系による、プエルトリコ系のための活動は、当時、とても画期的であった。かつてヤングローズのメンバーとして活躍した人の多くが、現在もプエルトリコ系や他のラティーノのコミュニティ活動に関わっている。小さい面積のなかでさまざまなエスニック集団に所属する人びとがひしめき合うニューヨーク市の街では、居住区などのコミュニティで他のエスニック集団と関わりながら、生活の質を改善するために行動が起こされる。1960年代以降、他のラティーノたちがプエルトリコ系の多い居住区、職場、教育現場に流入してきたが、新住民らとの人間関係をもとに、新しい組織が結成されている。さまざまなエスニック集団を抱えるラティーノたちの組織や活動においては、公民権運動を闘ったプエルトリコ系が中心的な存在になっていることが多い。

　ニューヨーク市では、自集団の文化的価値の公認を求める活動が絶えずどこかで行われている。ストリートなど公共の場にこだわり、自集団の声をまずは集団の中で響かせあって、士気を高めていこうとプエルトリコ系は20世紀後半からバリオで活発な文化表現を試みてきた。詩、演劇、音楽、ダンスを通して、プエルトリコ系であることを強く自覚し、誇りをもって生きようと同じ集団の人に向けて訴えてきた。こうしたイベントはストリート、コミュニティセンター、公園、教会、公立学校などで開催される。主流社会において自らの集団の存在が認識されず、教育現場においてもプエルトリコ系の文化を考慮した内容が扱われることはなかった、という想いを抱える人びとにとって、同じエスニック集団の人が開催する彼らのエスニック文化に関する催事は重要な意味をもつ。

　現在、プエルトリコ系が他に向かって表明するアイデンティティは多様化している。たとえば、ニューヨークのプエルトリコ系という意味の「ニュー

ヨリカン」、プエルトリコの島独自の文化的伝統を強調する「ボリクア」（先住民による島の呼称にちなんでいる）、と自らを名乗る人びとがいる。また、「アフロプエルトリコ系」「アフロボリクア」という表現も、アーティストを中心に近年広く使われるようになってきた。全体として、プエルトリコ系のなかにアフリカ系の血筋を認めることを嫌がる人が多いが、ニューヨーク市ではアフリカ系と自認する人が増えている。これには、居住場所において長くプエルトリコ系の隣人であったアフリカ系アメリカ人やアフロカリブ系との生活経験が大きく影響しているだろう。今では、ヒップホップやレゲトンなど商業的なポップカルチャーを介して、他のラティーノ集団とのつながりを強調するようなパフォーマンスの場も増えている。当然、この背後には大きなラティーノ市場を狙う企業の存在がある。

　古くからのプエルトリコ系バリオ、「ロイサイダ」ことローワー・イーストサイドに「ニューヨリカン・ポエッツ・カフェ Nuyorican Poets Café [19]」と呼ばれるライブハウスがある。ここは、1973年よりプエルトリコ系をはじめとするラティーノ、ときにはそれ以外の（多くの場合、さまざまな分野でのマイノリティ）アーティストの表現活動を支援してきた場である。ニューヨリ

写真3-1　ローワー・イーストサイドにあるザ・ニューヨリカン・ポエッツカフェ（撮影：筆者）

カン・ポエッツ・カフェでは、ポエトリーリーディング、伝統的な音楽、ヒップホップのライブ、コメディ、演劇などジャンルにこだわらない多様なパフォーマンスが披露されている。主流社会の価値観ではなく、自らが認め、価値づけた文化活動を継続的に支援してきたニューヨリカン・ポエッツ・カフェにはラティーノやアフリカ系アメリカ人をはじめとする、多くの人びとからの賛同の声が寄せられている。

写真3-2 イーストハーレムのストリートフェスティバルで見かけたプエルトリコ系男性（撮影：筆者）

今では、この場でいつの日かパフォーマンスすることを夢みるアーティストも多い。とくに、ポエトリー・スラム（即興で作った詩を発表した後、審査員によって採点され、順位が付けられる）は非常に人気が高い。ニューヨークのポエトリー・スラムはここからはじまったとされる。あくまでもストリートからの視点にこだわったプエルトリコ系によるさまざまなパフォーマンスには、プエルトリコ人でも、米国人でも、ニューヨーカーでもない、まさにニューヨリカンなのだ、という力強いメッセージが含まれている。そして、生活経験をリアルに感じさせる強烈なその言葉には、バリオへの愛情が溢れている。

【プエルトリコ系基本データ】……………………………………………………………
　☆プエルトリコ系とは、カリブ海プエルトリコから来た人、および、その子孫のことである。
　☆カリブ海に位置するプエルトリコは米国の準州である。自由連合州や自治領とも呼ばれる。
　☆プエルトリコ人は生まれながらにして米国市民権を持つ。
　☆大陸部のプエルトリコ系は全米ラティーノ人口のなかで2番目に大きな集団であり、全体の9.5％を占める（2011年時点）。
　☆北東部では最大のラティーノ集団である。
　☆2010年度の米国国勢調査によると、プエルトリコ系人口（大陸部居住者）は約470万人。2000年度の340万人から36％増加した。現在、大陸部に住むプエルトリコ系の約3分の1がプエルトリコ生まれである。
　☆島の人口は約370万人（2012年時点）。
　☆島に居住するプエルトリコ人のほとんどはスペイン語話者であるが、大陸部に住む8割以上のプエルトリコ系は英語運用能力に問題がないとしている。
　☆プエルトリコの失業率は15％以上である。貧困率は45％となっており、全米50州どの州よりも高い（2013年時点）。出生率は減少傾向にある。
　☆島民に大統領選挙での投票権はない。プエルトリコを代表する連邦議会議員にも議会での投票権は与えられていない。
　☆近年、島から高学歴の若年層が大陸部へ移住する傾向がみられる。大陸部では、これまで移住者が比較的少なかったフロリダ州やテキサス州への移住が進んでいる。
…………………………………………………………………………………………………

【注】
1）アフリカ人奴隷の輸入が始まった年については資料により異なるが、1500年代後半から1510年代前半の間とみられる。プエルトリコにおける奴隷制廃止は1873年である。
2）クリオージョの定義は、言語、地域、時代などによって異なるので注意したい。
3）拒否しないかぎり、米国の市民権が自動的に付与される。
4）プエルトリコ最大のルイス・ムーニョス・マリン国際空港も彼の名にちなんでいる。
5）米国では18歳以上の市民権を持つものすべてが登録の上、投票できる。

6 ）当時はまだ州ではなかった。ハワイが米国の50番目の州になるのは1959年である。
7 ）志柿光浩・三宅禎子著『ラテンアメリカン・ディアスポラ』明石書店、2010年．p.54。
8 ）「ブートストラップ」とは、ブーツを履く際に、足を深く入れるために引っ張る靴の上の部分のこと。ブートストラップ作戦は、米国政府によるプエルトリコ経済への梃入れのこと。
9 ）現在、プエルトリコは米国の製薬業の主要拠点となり、観光業と並んで島の主な産業となっている。
10）この時期、教育の普及にも力が入れられ、長期的な目でみた経済問題の解決策としてその成果に期待が寄せられた。
11）こうした島と大陸部の絶え間ない人の移動は「回転ドア式移住パターン」と呼ばれる。
12）全米50州でもっとも貧困率が高いのはミシシッピー州で24.2％である。
13）バリオはスペイン語で「居住区」という意味だが、ラティーノたちがバリオと呼ぶとき、そこには「かけがえのない」あるいは「わたし（たち）の大切な」というようなニュアンスが付与されている。
14）「スパニッシュハーレム」とも呼ばれるが、非プエルトリコ系、非ラティーノにより使用されることが多いように思われる。
15）C.W. ミルズ・R.K.ゴールドセン・C．シニア『プエルトリカン・ジャーニー：ニューヨークに惹きつけられた移民たち』奥田憲明ら訳，恒星社厚生閣，1991年．この時代のプエルトリコ系の情報が多く記されている。
16）後に、彼は初のプエルトリコ系米国下院議員になっている。
17）1964年公民権法の成立で、米国の人種、宗教、性別、出身国などにもとづく差別は非合法となった。
18）1967年にカリフォルニア州オークランドで組織された、黒人解放を目指した急進的な政治集団。「警察暴力」から貧しい黒人たちを守るため自警に力を入れた。
19）ミゲル・アルガリン、ミゲル・ピニェーロ、ビンボ・リヴァス、ペドロ・ピエトリなど多くのプエルトリコ系詩人が創設に関わっている。

コラム3

日本のなかのラティーノ文化

　日本でラティーノ文化が紹介され、人気を博するようになったのは、いつからのことだろうか。1950年代から1960年代にかけてはマンボやラテン歌謡、1970年代にはサルサが日本に紹介された。当時、かなりの人気となり、日本人のミュージシャンも真似をしながら、次第に日本風にアレンジを加えて、独自のジャンルを形成していった。米国で流行ったそれらの音楽は、比較的短い時間差で日本にやってきている。

　1950年代は、主にメキシコ系とプエルトリコ系、1960年代以降はキューバ系とドミニカ系もそこに加わり、米国都市部に大勢、移住者が流入した。ラティーノたちの大流入は、米国で起こった音楽のブームと深く関係している。ラティーノが多いロサンゼルス（主にメキシコ系）、マイアミ（主にキューバ系）、ニューヨーク（主にプエルトリコ系、ドミニカ系、キューバ系）では、さまざまな伝統音楽に、コンテンポラリーな音やリズムをアレンジした新しい音楽・ダンスが生まれた。それぞれの場には、絶え間ない新移住者の流入がもたらす刺激と、変化のなかで高まる新しいものへの欲求があった。当時、ラティーノだけではなく、白人や黒人のオーディエンスの間でも人気となった文化がコマーシャルな経路に乗って、日本に伝来してきた。

　そして、もう1つの経路がある。こちらは該当地域以外の人には見えづらいものだが、米軍基地を中心とする場で、兵士と日本人との交流により、ラティーノ文化が広まった。ラテンジャズ、マンボ、ルンバ、ラテンロック、ボレロ、ラテンソウル、ブーガルー、サルサなど多種類のラティーノ音楽が、基地内、街の食堂、バー、ディスコなどで親しまれるようになり、そこからさらに外に広がるなかで日本人ファンを次第に増やしていった。米軍相手にクラブやキャバレーで音楽を演奏した日本人ミュージシャンを介しても、それらの新しい音楽は広まっていった。

　他に、米軍基地を経由したラティーノ文化といえば、1980年代に生まれたタコライスがある。メキシコ料理のタコスを日本風にアレンジして、ご飯の上にタコスの具を乗せた、和製メキシコ系アメリカ料理である。発祥の地とされるのは、

沖縄の金武町の食堂である。お腹をすかせた米兵らに彼らの好きなものを提供したい、という思いで作られた料理だった。当時、ラティーノが米国社会で成功するためには、白人社会に同化しなくてはならなかった。米軍に多くのラティーノが入隊していたのもそうした理由である。しかし、ここ金武町の食堂にやってきたのは、ラティーノ兵士ばかりではなかった。当時すでに、白人や黒人の間で、メキシコ系の食文化は人気があった[1]。

今では、コマーシャルな米国文化においても、多くのラティーノたちが活躍している。彼らが演じるものは必ずしもスペイン語圏にゆかりのあるものではなくなっている。ラティーノの歌手を例にすると、クリスティーナ・アギレラ（父がエクアドル系）、セレーナ・ゴメス（父がメキシコ系でテキサス出身）、ジェニファー・ロペス（プエルトリコ系）、マライア・キャリー（父がベネズエラ系）、マーク・アンソニー（プエルトリコ系）、リッキー・マーティン（プエルトリコ系）など多くの人がいる。日本でも彼らは有名だが、ラティーノだと知らなかったという日本人も多いのではないだろうか。

1990年、出入国管理及び難民認定法が大きく改正されたことを契機に、日系ブラジル人や日系ペルー人を主とする多くの南米人が、雇用を求めて日本にやってきた。群馬県太田市・大泉町、神奈川県横浜市・藤沢市、静岡県浜松市、愛知県名古屋市、岐阜県可児市など、自動車関係、電機機器関係、食品関係の工場の多い場所を中心に、国内には南米系が集中するコミュニティがある。日本の不況の煽りを受け、その人口は減少傾向にあるが、それぞれの場所で、地元の文化と多様なラティーノ文化の間には、混交したオリジナルな文化活動がみられる。公立学校でも、南米系の子どもたちが、日本人の子どもたちと日々交流している[2]。

同一性を求める傾向の強い日本社会にあって、どの文化をみるにせよ、混交がまず何よりもの特徴といえるラティーノの文化が、日本社会にどのような新しいポジティブな変化をもたらすのかについては、今後注目していきたい。

日本社会において、「世界」の文化に多くの関心が示されるようになったのは、バブル景気と時期を同じくして、1980年代後半であるが、そのときから、数の上では決して多いとはいえないが、日本においてラティーノ文化に興味をもつ人の数が増えていった。ラティーノの文化を紹介するメディアはまだ少ないが、音楽、ダンス、食文化、ファッション、文学、詩、アート、ローライダー[3]などに親しむ日本の人は少なくない。

こうした需要のあるなかで、ラティーノ文化やチカーノ文化を紹介し、深い解

釈を提示し続けている宮田信さんを紹介したい。宮田さんは、洋楽インディーズレーベルMUSIC CAMP, Inc.の主宰者であり、日本でチカーノ文化を紹介するプロモーターとしても知られる。ロサンゼルスのメキシコ系やバリオと関わりの深いローライダー文化やチカーノ音楽についても、長年にわたり積極的に情報を発信している人物である。

宮田さんが育った東京都調布市には、かつて米軍調布基地[4]（現在、調布飛行場および武蔵野の森公園の周辺）があった。幼少の頃から、身近にあった米国文化や「アメリカ人」をみて、「カッコいいな」と憧れを抱いていたそうである。そして、中学生の頃からブルースなどの黒人音楽に傾倒し、米国のマイノリティに興味をもつようになった。高校生のときにTVで観た『コルベット・サマー』でローライダーを知り、米国TVドラマ『CHIPS（邦題：ジョン&パンチ）』を観て、舞台となっているロサンゼルスのメキシコ系バリオのことを知った。初めてイーストロサンゼルスに行ったのは、21歳のときだった。

三吉：そのとき（1980年代半ば）のチカーノ音楽の印象はどうでしたか？

宮田さん（敬称以下略）：おもしろい音楽だと思った。カッコいいと思った。こんなカッコいい音楽があって、同時に、（いまは蔑称とされる）「ウェットバック」と呼ばれる人がいっぱいやってきているというニュースもあって気になっていました。「かわいそうだ」とかいうよりも、「なんて逞しい人たちなんだ」と感心した。……イーストロサンゼルスは、チカーノたちが大勢入ってくる前は、ユダヤ系や日系もいた。いまはもうユダヤ系はいないし、日系はおじいちゃんとおばあちゃんたちばかりになっている。だけど、昔の話を聞くととても面白い。当時、日系とメキシコ系たちの交流があった。ローライダーのグループのなかにも日系がいて、注目される存在がいた。

三吉：いまのメキシコ系はどんな感じの文化に親しんでいますか。

宮田：いまはロサンゼルスのメキシコ系だからって、メキシコ音楽を聴いているわけじゃない。エスニック集団に関わる音楽を聴く人は少なくなっている。移住してきた人の背景が多様化したから。……1970年代には公民権運動の影響でローライダー文化が発展してきたんです。彼らには、「自分達は何者だ？」っていう自分への問いかけがあって、ああいうスタイルを生んだわけです。それがとにかく魅力的だった。そういうところに僕はしびれちゃったんです。単なる「不良」じゃなくて、人種差別に対抗するとか、社会の不正

義、不公平に対抗するとか。
三吉：チカーノ文化に惹かれた理由は何ですか。
宮田：いろんな要素をもったものが取り入れられている点。そういうのをみていると、日本の若い世代が世界に目を向けなくなったり、興味を失ったりしている感じがする。日本のものだけで満足するんじゃなくて、海外のものにも目を向けてほしい。

　チカーノ文化には、さまざまな文化を経験し、内包したり、排除したりを日常経験のなかで繰り返した末に、残ったメキシコ系のエッセンス、「見えない文化遺産」のようなものがある。おそらくそれは一見、よくわけがわからないものであるが、とても強かに訴えかけてくるものがある。それは開放系というか、包括的なものである。言語をみても、「カロ」と呼ばれる、主にメキシコ系若者が使うスペイン語、メキシコ系のスペイン語、「標準」スペイン語、英語、ロサンゼルスの英語、スパングリッシュなど、いくつもの言語が時と場合に応じて、使い分けられている。数世代にもわたる米国のメキシコ系がどのようにメキシコ系であるのか、ということについては、語りではなく、文化のなかで表象されているものに注目した方が断然面白い。

　宮田さんはチカーノ文化について次のように語る。「ひとつのボーダーの上に両足でまたいでいる感じ。複数の要素をもっていることでそこで混乱を起こしている[5]」。この混乱を面白がるのか、混乱に巻き込まれてしまうのか。あなたはどちらだろうか。

イーストロサンゼルスにて現地の友人たちと
（左から）伝説的なチカーノ・ロッカー、ルーベン・ゲバラ氏、モンテカルロ76などを率いてきたデイヴィッド・ゴメス氏、本人（撮影：宮田信）

筆者

【注】

1) テキサスを中心に、米国南西部で土着化したメキシコ系の料理をテックス・メックスというが、テックス・メックス料理とメキシコ料理はともに親しまれている。
2) 南米系の子どもたちに対する地方行政の対応はさまざまである。公立学校での教育環境に満足できない南米系のなかには、日本語に加えてスペイン語やポルトガル語で教育を行う不認可の私立学校（「外国人学校」と呼ばれる）へ通う人もいる。費用がかかるため、私立学校に通いたいがあきらめる人も多い。
3) 自動車をユニークに改造して、自己を表現する。メキシコ系のコミュニティで生まれた。
4) 1945年9月、連合国占領下、米軍によって接収された。
5) Web Diceインタビュー記事「『チカーノ文化の深みの部分を知ってほしい』─個性ある音楽にこだわり続けるレーベル、ミュージックキャンプ」（2009年8月21日号）http://www.webdice.jp/dice/detail/1854/

第4章 サルバドル系

1 はじめに

　サルバドル系とは、エルサルバドル共和国（以下、「エルサルバドル」とする）から来た人、および、その子孫である。エルサルバドルは、中米の太平洋側に位置し、北でグアテマラ、東でホンジュラスと国境を接している。人口は約630万人（2012年時点）、面積は九州の半分ほどである。中米でもっとも面積の小さい国であると同時に、人口密度が一番高い国である。ハリケーン、地震、洪水などの自然災害は、これまで何度も国内のインフラを損壊してきた。自然災害と内戦によって、多くのサルバドル人が海外に移住している。

　中米には、さまざまな先住民が居住している。エルサルバドルには、スペイン人の入植以前から、今のメキシコや中米北部からやってきたトルテク系、マヤ系、アステカ系などの先住民が居住していた[1]。スペイン人の侵略時、現在のエルサルバドルの西側には「クスカトラン（「貴重なもののある土地」を意味する[2]）」と呼ばれるトルテク系ピピル族の連合国があった。ピピル族は1524年から始まるペドロ・デ・アルバラード率いるスペイン軍の侵攻に対して激しく抵抗し、彼らが優勢になることもあった。一方、その頃、東部を中心に居住していたのがレンカ族である[3]。スペイン人が侵略した際、50

万人以上が殺されたとされる。先住民を征服したスペイン人は、1525年に「サンサルバドル」という街を築いた[4]。

スペインの侵略によって、先住民社会は壊滅的な打撃を被った。交戦、奴隷化、強制労働、ヨーロッパからの病気などによって先住民人口の大半が失われた。先住民を支配下に置いたスペイン人は、政治・経済の実権を握り、この地を換金作物のプランテーションにつくり変えていった。先住民人口が激減した後は、奴隷制を導入し、アフリカ人の労働力に頼った。1560年以降には、グアテマラ総督領の管理下で、この地は農業や牧畜を中心に比較的よく開発された地域となっていった。

植民地時代、植民者らと、奴隷や先住民系の間に混血が生まれ、やがて新しい社会階層が形成されていった。しかし、ヨーロッパ系の血がより濃ければ、社会的に高い地位に就きやすく、経済的・政治的に有利に働くことは変わらなかった。当時、輸出用農作物の生産を中心に経済システムが確立するなか、スペイン王室へ支払う重い税金に人びとは苦しめられていた。この現状は、アメリカ大陸生まれであることを理由に従属的な地位を強いられたヨーロッパ系の新社会階層「クリオージョ」たちのスペイン支配に対する不満を強めていった。やがて、彼らは他の中米地域のクリオージョらとともに、スペイン支配を打倒しようと抵抗運動を起こしていく。植民地の社会階層が多層化し、支配階級への反発が強まるとヨーロッパ生まれのものたちは、自らの財産や利権を守ることに必死になった。19世紀から20世紀まで、スペイン人による土地の所有に対して、クリオージョや先住民たちは幾度も反乱を起こしたが、成功を収めることなく制圧されてきた。

1821年、スペイン領植民地がスペインから独立を果たした後、メキシコと中米の保守派たちはのちに皇帝となるアグスティン・デ・イトゥルビデのメキシコ帝国と協力体制をとった。1823年、中米共同体「中央アメリカ連合州」が生まれ、米国のような連邦制度をもつ政府機関を目指していった（1824年には「中央アメリカ連邦共和国」と呼ばれるようになっていた）。構成国は、エルサルバドル、コスタリカ、ニカラグア、ホンジュラス、グアテマラであ

る[5]）。建国を支持した連邦主義者らは、ヨーロッパに原材料を輸出して国を経済的に発展させようと目論んだ。しかし、内戦が起こり、1841年に解体した。19世紀末には、連邦主義者らが再び力を持ちはじめ、1896年にホンジュラス、ニカラグア、エルサルバドルから成る「大中央アメリカ共和国」が誕生した。しかし、この国もその2年後には解体した。

19世紀半ばから、それまで盛んだった藍産業に代わって大規模プランテーションで栽培されるコーヒー豆や綿花などが主要輸出項目になっていく。プランテーションを経営するのは、「14の寡頭家族」として知られる有力者たちであった。彼らは国内の富と権力を掌握し、親族構造のなかで力を再分配しながらその相乗効果でもたらされる利益を蓄え続けた。1930年代までには、政治力と経済力が同じ家族の系譜上で継承されるしくみが出来上がっていた。寡頭家族は先住民の土地を国有化し、彼らにプランテーションでの労働を強いた。こうした経済体制の形成過程で、寡頭家族と貧困層が二極化した。1960年代の工業化によって中産階級が登場するが、それは国内の都市部に限られていた。

第2次世界大戦後から1960年代に至るまで、エルサルバドルの経済は高い労働生産性を保ちながら工業化し、大きな発展を遂げた。その背景には、米国とソビエト連邦の対立があった。両国の関係が深刻化するにつれ、「第2のキューバ」の出現を恐れた米国が、中米諸国の経済を支援したのである。米国は経済の多角化を奨励し、大規模な農場では、さまざまな輸出用農作物が生産されるようになった。また、1960年代からは、輸出保税加工区（マキラドーラ）から米国への衣料品の輸出が増えている。この時代に、米国系をはじめとする外資系企業と手を組んだエリート層は、莫大な富を蓄え、経済力を拡大し続けた。

エルサルバドルでは、スペイン侵略以来、混血化が進み、「メスティーソ」と呼ばれるヨーロッパ系（主にスペイン入植者）と先住民の混血が多い。メスティーソの割合は全人口の約86％であるが、先住民については調査機関によって1％から10％を超える値まで見積もりがかなり異なる[6]）。また、

中東系、アラブ系、パレスチナ系、ユダヤ系、中国系などのエスニック集団もいる。カトリック教徒が約57％を占めるが、近年ではプロテスタントの福音派による活動も盛んである。

2 エルサルバドルの先住民

　20世紀初頭から、寡頭大土地所有者により国家の政治や経済が支配されてきたため、彼ら富裕層と主に先住民からなる貧困層との貧富の差は大きい。土地を所有していない農民が大半で、そのほとんどは先住民である。都市部では、地方出身の農民が大きなスラムを形成している。

　1920年後半以降、メキシコ革命、ロシア革命、ニカラグアのサンディーノの率いる抵抗運動[7]などの影響を受けて、農民たちの間にマルクス・レーニン主義や共産主義が浸透していく。そして、コーヒー農場経営をはじめとする国家の重要な産業を牛耳るほんの一握りの富裕者層に対して、農民たちは不満を表し、労働運動を活発化させていった。しかし、政府はそれに対して抑圧を強めていった。1930年代に入ると、世界恐慌による影響で、エルサルバドルの経済は大きな打撃を受け、とくに地方の農業は落ち込んだ。たとえば、コーヒー豆の価格が世界市場で下がったことで、地主はコーヒー生産をとりやめた。そして、季節労働者だった農民たちは、職も現金も食べるものも家もすべてを失ってしまった。そこで、都市部の労働者、農民たちが団結し、生活や労働状況の改善を要求し、蜂起した。しかし、その結果、政府は蜂起を率いたリーダーや参加した農民たちに「共産主義者」というレッテルを貼り、弾圧したのである。1932年、ついに、エルサルバドル軍は3週間のうちに1万人とも5万人ともいわれる農民を殺害した。そのほとんどは先住民であった。こうした歴史的な経緯から、ほとんどの先住民たちは自らの出自を隠すために言語や服装などをはじめ、伝統的な文化や風習を手放していった。今では、エルサルバドルの先住民のほとんどがスペイン語を話し、

同じ先住民集団の親しい仲間と話す時以外は、自らの言語を積極的に話す人は数少ないといわれる。カトリックの影響下で、伝統的な文化実践も制限されている。後に述べる内戦（1979〜1992年）時には、さらにその傾向が強くなった。概して、エルサルバドル出身者で先住民の人びとは、先住民としてのアイデンティティを表明することが少ないが、それにはこうした背景がある。

　エルサルバドル憲法では、すべての人びとが平等であると謳われているが、今も先住民たちは不当な扱いを受けている。先住民の割合が高い行政地区はどこも深刻な貧困を抱えている。非先住民系の識字率は43％であるが、先住民系の子どもたちに関しては約8割が識字教育を受けていない。さらに、非先住民系では95％が土地を所有しているのに対して、先住民系の間でその数は5％にすぎない。元々、低賃金労働者である彼らが従事してきたコーヒー農園やさとうきび畑での労働も次第に規模が小さくなってきており、先住民たちの働く場所はなくなってきている。そうしたなかから、多くの人が社会的・経済的窮状から抜け出そうと、やむを得ず米国へ移住することを決めるのである。

3　エルサルバドルの内戦

　1930年代以降、軍部は政治力を拡大し続け、寡頭家族と密に結びつき、政界において彼らの利権を守る役目を果たしてきた。エルサルバドルでは、1932年から1979年にかけて軍人の大統領が続いた。

　1970年代、伝統産業に代わって、「自由経済区」を設けるなど外資企業を優遇する経済政策によって、工業地帯が拡大した。そうした場に多くの労働力が必要とされ、雇用は増大したが、低賃金で非人道的な労働環境が大勢の人びとを苦しめた。当時、都市部に移住していた地方の農民たちに残されたのはそうした場での仕事だけであった。外資企業の投資による輸出用工場で

の労働は、とくに過酷だった。やがて、悪い労働環境に対して労働者たちは抵抗しはじめる。労働組合が組織され、政府に対して彼らは反対運動を起こすようになった。ストライキを起こし、大土地所有者の土地を占拠したり、ストリートでデモを行ったりするようになった。1970年代後半、学生らも農民に加わり、大規模な反体制運動が起こるようになった。

1979年、極右テロを蔓延させていたカルロス・ウンベルト・ロメロ政権が軍民一体のクーデターで打倒されると、軍部と警察が反体制運動の弾圧をエスカレートさせていく。そして、政府の指揮下で、準軍事組織「死の部隊」や治安部隊は、政治活動家や抵抗を示す者たちを拷問し、殺害しはじめた。ターゲットとなったのは、体制批判を行ったり、革命運動を計画したりしていた司祭、教師、労働組合員、大学生であった。彼らの死体は、敢えて人目に触れるゴミ捨て場や道路脇に放られた。大勢の行方不明者も出た[8]。1980年だけで、およそ1万2,000人が政府および軍部によって殺害されている。

そうしたなかで、1980年、複数の左翼組織が統合し、左翼ゲリラ組織[9]、ファラブンド・マルティ民族解放戦線（FMLN）が結成された。FMLNは、ソビエト連邦、キューバ、ニカラグアなどから支援を受け、エルサルバドルの共産化を目標とし、ゲリラ作戦で政府軍に挑んだ。こうして内戦が始まった。米国カーター政権およびレーガン政権は、政府軍を手厚く支援し続けた。内戦初期に、FMLNは一時、政府軍に対して優勢になることもあったが、1981年、米国レーガン政権がエルサルバドル政府への軍事的・経済的支援を強化し始めると、軍部は体勢を立て直していった。米国の軍事的支援は、1980年に600万ドル、1981年には3,500万ドル、1984年には1億9,700万ドルと増えていった。また、1980年から1986年の間に、米国はエルサルバドルに一日平均約100万ドルを送金しており、1982年から1990年までの間では、約10億ドルの軍事装備と約32億ドルの資金援助を追加している。1992年、米国で政権がクリントン政権へと移行すると、エルサルバドル政府への軍事支援は激減した。

内戦が激化するにつれ、一般民衆が戦闘に巻き込まれるようになり、子ど

もを含め大勢の人びとが犠牲になった。反政府系の左翼ゲリラ組織と極右組織とのゲリラ戦が激化したからである。極右組織は、1970年代から労働組合員、労働者、インテリ、専門職従事者、カトリック司祭など社会システムを変えようとした人をまず殺害していった。左翼ゲリラが多いとされる山村では、極右のテロによってほとんどすべての人が殺戮されることも珍しくなかった。それらの地域の住民ほとんどは先住民たちであった。そして、被害を受けた民衆はやがてゲリラ活動に加わっていく。こうした悪循環で双方のゲリラ活動の規模は大きくなり、民衆の間でも弾圧や暴行が拡大していった。

1992年、国連の仲介により、クリスティアニ大統領とFMLNの間で和平協定が締結された。和平交渉には先住民の組織も参加したが、彼らにとって有益な取り決め事項はそこに含まれなかった。

「死の部隊」の中心メンバーであったのは、警官、軍人、予備役兵らであったが、当時のエルサルバドル政府は暗殺について一部の者の行き過ぎた行為であったとし、政府の関与を否定した。しかし、後にアムネスティ・インターナショナルや国連傘下団体などは、暗殺団の指令が軍部上官からのものであったと発表している。12年間の内戦では、約8万人が死亡、さらに9,000人以上の行方不明者が出た。エルサルバドル国内では、100万人が転居を迫られ、さらに100万人が海外へ移住した。

4　米国の対応

米国への大移住は内戦が開始してからすぐにはじまったが、和平協定の後も人の流れは止まらなかった。移民の大半は貧しい農民で、合法的に入国するための必要な経費を支払えない人が多かった。彼らは、まずグアテマラ、そしてメキシコを渡り、危険を冒して砂漠地帯の国境を越えてきた。米墨（米国とメキシコ）の国境を横断する試みでは、砂漠横断を介助するという悪徳業者に騙され、結局、所持金を奪われるという事件が横行している。ま

た、国境近くまでの運搬を請け負った業者のトラックに乗り、戻ることのできない場所まで輸送された後、放置された結果、乗客全てが死亡するという最悪の事件も頻発している。さらに、国境を越える際に、金銭的余裕のないことにつけこまれ、麻薬の所持などの危ない仕事を担わされることも多い。サルバドル系に限らないが、米墨の国境地帯で暴力や事件に巻き込まれ、殺傷される人は相当数いる。

　内戦により、大勢のサルバドル人が米国に移住し、難民申請をした。米国政府は、戦争や動乱を理由に入国してきた人びとに対して難民認可を出してきた。たとえば1984年から1990年の間では、母国の動乱を逃れてきたニカラグア人やイラン人1万6,000人を難民として認可している。しかし、サルバドル人に対しては「経済的な理由による入国」とし、なかなか難民申請を認めず、認可された人の数は1,800人にとどまった[10]。それどころか、米国政府は1990年まで非合法に滞在するサルバドル人の強制送還を続けた。これに対しては、内外の人権団体から激しい抗議の声が上がった。

　「民主国家を守る」という名目で、米国政府がエルサルバドル政府に莫大な資金を渡し、支援を続けた結果、エルサルバドルの内戦は激化し長引いた。その国から米国が難民を大勢引き受けることはできなかったのである。

　1980年代後半までにエルサルバドルを去った人の数は、全人口の20％に相当した。1986年、移民改革統制法が米国議会で承認され、1982年1月1日以前から居住していることが証明できる非合法移民に恩赦が与えられた。1991年から2002年の間、27万7,391人のサルバドル人が合法移民と認定された。しかし、1982年以前に入国したため、その恩赦を受けられなかった人も多かった。

5　サルバドル系の集団的特徴

　現在、サルバドル系は全米ラティーノのなかで第3番目に人口が多く、全体の3.8％を占めている。サルバドル系人口の増加は激しい。これまで長い間、ラティーノ集団のなかで第3番目に大きい集団はキューバ系だとされてきたが、公式発表によると、2013年にその順位が入れ替わった[11]。2010年度の米国国勢調査によると、推定人口は約200万人とされるが、非合法入国が非常に多い集団であるため、実際数は300万人とも350万人ともいわれる。サルバドル人の出入国を管理しているエルサルバドル領事館は、米国政府機関の記録は実際数よりもかなり低いと指摘している。

　サルバドル系が集中しているのは、カリフォルニア州（35％）、テキサス州（14％）、バージニア州（7％）などである。非合法的な手段で入国した人が多いため、好ましくない環境や条件で低賃金の労働をする人が多い。

　サルバドル系集団全体をみると、学校教育を受けた人の割合が低い。25歳以上で大学を卒業した人の割合は7％であり、ラティーノ平均の13％、全米平均の29％よりもかなり低い数字になっている。貧困生活を強いられている人の割合は、ラティーノ全体の26％よりはやや低い23％となっている（全米平均は16％）[12]。製造業、サービス業に就く割合が高く、専門職や管理職の就労者は約6％にとどまっている。サルバドル系は、他のラティーノと比較して、レストラン、ホテル、ガーデニング、家事手伝いなどサービス産業で働く人の割合が高い。また、サンベルトと呼ばれる南部や南西部一帯の州（カリフォルニア州、テキサス州、フロリダ州など）に居住し、大規模な農園で多勢働いている。

　全体をみると、居住形態にみるサルバドル系の特徴は都市型で、約半数以上がロサンゼルス市内および近郊に居住している。その他の地域では、ニューヨーク11％、ワシントンD.C. 9％、サンフランシスコ8％、ヒューストン7％となっている。サルバドル系が少ない地域では、ラティーノのコ

ミュニティのなかにサルバドル系が混住している。スペイン語の使用、親しみの感じられる文化や習慣、比較的安い家賃や物価など、ラティーノが多い場所に住むと便利なことが多い。経済的理由から、小さなアパートメントに2世帯以上の家族が暮らしていることもある。また、居住が法的に認められていない地下や倉庫のなかに暮らす人もいる。独身男性の間では、小さな部屋を数人で借りて、勤務スケジュールをそれぞれずらして、部屋に滞在する時間が重ならないようにする工夫もみられる。

　サルバドル系社会の内部をみると、出身地、出身社会階層、移住時期などにより人びとの生活は多様であるが、同じ地方からやってきた人が米国の特定の場所に集まる傾向が確認できる。たとえば、エルサルバドル東部にある地方出身者の多くが、米国東海岸の都市部やフロリダ州、テキサス州に居住している。また、エルサルバドルの3大都市、サンサルバドル、サンタアナ、サンミゲルの出身者は、ロサンゼルスやサンフランシスコなど都市部に多く居住している。それらの街には、サンミゲルの南西部にあるサンタエレナ出身者が集中するエリアがある。そこでは、サンタエレナに必要物資を送るために、資金集めを兼ねたピクニックやダンスなどのイベントが催されている。

　都市部出身のサルバドル系は、移住前から比較的高い教育を受け、就労に有利な技術を持っている人が多い。そのため、雇用や社会的・経済的機会に恵まれることになり、米国の都市に移住した後も、比較的豊かな生活をする人の割合が高い。エルサルバドルの地方出身者も米国の都市部に居住するが、都市部出身者と比較すると、母国での就労経験が活かせる職を見つけることは難しい。学歴や英語運用能力が不足しているために、希望する職を得られない人も多い。その結果、米国で経済的に貧しい生活を強いられることになる。

　サルバドル系が古くから移住していたサンフランシスコには、1950年代および1960年代に来たミドルクラス層が組織しているソンソナテ・アソシエーションがあるが、1970年代以降に渡米した移民たちとはあまり関わって

はいない。同組織は、サルバドル系移民社会の直接的なニーズに答えるというよりは、米国における社会的地位向上やラティーノによるビジネスのさらなる発展を目標に活動している。つまり、彼らはサルバドル系に向けた活動にとくにこだわりをもっているわけではない。サルバドル系のみならず、ラティーノには民主党支持者が多いが、ソンソナテ・アソシエーションのメンバーには共和党支持者が多いとされる。異なる移住時期、社会階級、居住場所は異なる生活経験をもたらし、サルバドル系としての個人の意識やサルバドル系コミュニティとの関わりかたにも大きな違いが現れている。

6 サルバドル系のコミュニティ

　全米でもっともサルバドル系が集中しているのは、カリフォルニア州ロサンゼルスおよびその近郊である。なかでも、とくに多いのはロサンゼルス市内、ピコ大通りのユニオン地区一帯である。2010年度の国勢調査局の統計では、約35万人のサルバドル系がロサンゼルスに居住していると見積もっているが、エルサルバドル領事館は100万人に近い、としている。非合法に滞在している人も含めた正確な人口はわからないが、いずれにしても、全米のサルバドル系の半数以上がカリフォルニア州に居住していることは確実だろう。

　これまで多くのサルバドル系がメキシコ系や中南米系の多いコミュニティに居住し、彼らと同じ職場で働いてきた。現在もその状況は変わらない。サルバドル系がメキシコ系と生活の場を共にし、人間関係を深めながら、雇用、教会、子の教育、移民としての権利など生活に欠かせない重要な情報を得ている[13]。

　しかし、両者の関係はこれまで必ずしも良好であったわけではない。1980年代以降、メキシコ系のなかに多くのサルバドル系が流入するようになると、両者の間で対立が見受けられるようになった。当初、メキシコ系のなかには、

サルバドル系を「よそ者」とし、メキシコ系の居住区や職場を「奪っている」ことを理由に組織的な嫌がらせをするものも出てきた。それに対して、サルバドル系のなかからも強い抵抗が示され、両者の間で暴力が噴出するようになった。一部の若者の間では、エスニック集団で分かれたギャングが登場し、死闘を繰り返していった。サルバドル系やラティーノの多く住む場所でギャング活動が活発になると、住民たちは治安の悪化に悩まされることになった。

1980年代から活動を始めた「マラ・サルバトルーチャ」[14] は巨大な組織と化し、全米で「もっとも極悪なギャング」として知られるまでになった。サルバドル系の存在をこのギャング集団を通じて知った米国市民も多い。サルバドル系についてのステレオタイプにはこの組織のイメージを投影した否定的なものもある。当初、この組織は、サルバドル系がメキシコ系ギャングから身を守るために集まったことに始まるが、現在の活動はかつての目的をはるかに超えたものになっている。

1995年から2007年まで、米国移民帰化局（2003年3月1日以降、「市民権・入国管理局」と改名）は1万人以上のギャングメンバーをエルサルバドルに強制送還している。送還された後、彼らはエルサルバドルでも再び若者を勧誘し、新しく組織を作った。その結果、本国でもギャング絡みの犯罪が多発しており、危険を感じながら生活する一般市民も多い。米国から強制送還された人のなかに多くの逮捕者も出ている。エルサルバドルにおけるギャングの横行と治安の悪化も、国民が海外に移住を決意する要因の一つになっている。

1980年代から、米国の都市部ではサルバドル系の小規模なビジネスが展開されている。たとえば、ロサンゼルスのラティーノが多いコミュニティには、「サルバドル」や「ププセリアス」と看板に書かれたサルバドル料理のレストランが所々にある。代表的なサルバドル料理に「ププサ」と呼ばれる伝統料理がある。肉やチーズをトウモロコシ粉で練った生地（分厚いトルティージャ）に詰めて揚げたものであるが、ププサを売る屋台も多く、ロサンゼルスで人気のある食べ物となっている。

写真4-1　ロサンゼルスのダウンタウンにあるサルバドル系の
　　　　ケーキ屋（撮影：筆者）

　これまで新しくエルサルバドルからやってきた人たちは、まずメキシコ系や中米系のコミュニティに流入する傾向がみられたが、近年、サルバドル系があまり居住していない場所へ移り住む人びとが増えている。こうした背景には、ラティーノコミュニティの過密化、それによる生活環境の悪化がある。また、公立学校教育の質やギャング組織から子を守るといった理由もある。

　ロサンゼルスでは、レストランなどサービス業で働く人が多い。その他には、工場労働や庭仕事をして、女性の場合は家政婦として働く人が多い。非合法で滞在していることを知って、雇用主が労働者の権利を侵害しているという報告も多い。そこで、サルバドル系の労働現場や居住区における不利な状況を改善してもらおうという主旨で、草の根組織、教会、有志らにより、さまざまなプログラムが準備されている[15]。とくに英語学習の支援が活発である。

　サルバドル系は、教会を介して多くの人と知り合い、そのネットワークから生活に役立つ情報を得ている。どこで職を探せるか、子をどの学校へ通わせるとよいのか、どのように永住権や市民権を得るのかなどの重要な情報は、人とのコミュニケーションを通して入手される。市民権を取得することは、

多くの人の関心事となっているが、その一方で、それを躊躇する人もいる。それは、米国市民になることで、サルバドル人であるというナショナルな（母国に対する）アイデンティティが失われるのではないかと不安に感じるためである。

　1990年代から、カリフォルニア州の住民投票187（第1章参照）など米国社会における反移民の風潮が高まっているが、こうした法的な動きや米国の世論を受けて、（他のラティーノ移民の場合もそうであろうが）自らの将来を懸念するサルバドル系が増えている。それまで市民権の取得に興味を持っていなかった人も、近年の移民に対する嫌がらせやヘイトクライム（特定のマイノリティ集団への憎しみを露わにした犯罪）が増えていることを知り、やはり市民権を獲得した方がよい、と考えるようになっている。現在、米国の市民権を取得しているサルバドル系は全体の約3割であるが、今後その割合は増えていくだろう。

　サルバドル系をはじめ、多くの中米系の組織が母国や出身地方の政党と連帯して、米国で力のある政治組織を形成しようと試みている。カリフォルニア州では、左翼寄りの中米系らによる組織が、米国の反中米政策に異議申し立てするなど盛んに行動を起こしている。特徴的なのは、多様なエスニック集団の人びとがともに活動していることである。また、ワシントンD.C.を拠点に、主流社会に対して、積極的にサルバドル系集団の声を表明しているエルサルバドル人民連帯委員会（the Committee in Solidarity with the people of El Salvador、CISPES）がある。同組織は1980年に創立して以来、FMLNを支持し、エルサルバドルの社会改革を求めている。

　1980年代初期には、ロサンゼルス、ワシントンD.C.、ニューヨーク、ニュージャージー、サンフランシスコ、ヒューストン、ボストン、マイアミにサルバドル系の新しいコミュニティができた。ロサンゼルス、ワシントンD.C.、サンフランシスコなどサルバドル系移住が始まった早い時期から形成されてきたコミュニティには、異なる時期に来た人、さまざまな政治的・社会的立場をもつ人がおり、コミュニティで主流と言えるようなイデオロギー

はもはや存在していない。また、そうしたコミュニティのなかには、メキシコ系や他の中米系の人びとも多く居住している。それぞれのエスニック集団との関係は、場所によって非常に異なる。細かく住み分けが進み、反目しあう関係性がある場所があれば、地域社会のために住民らが一丸となってコミュニティ活動を展開している場所もある。いずれにせよ、中米系の元ギャングメンバーらが、ギャング間抗争の仲介役となって平和的に問題解決をはかろうと呼びかけたり、ギャングメンバーとのミーティングを開き、脱会を促したりというコミュニティ活動は、都市部の住民から期待されている。

7　米国への移住

　米国への移住の歴史は、19世紀後半に遡る。しかし、1970年以前の移住者数はおおよそ3万人とそれほど多くなかった。大規模な移住の流れが始まったのは、1979年に始まる内戦以降である。1980年代初頭から、内戦の恐怖や政治不安による経済の悪化によって、あらゆる階層から人びとが米国に流入してきた。結果、この内戦（1979～1992年）によって、人口の2割から3割ほどがエルサルバドルから海外に流出した。内戦が終わったあとも、経済的理由による移住の流れは止まらず、現在に至っている。

　これまでエルサルバドルは自然災害にもたびたび見舞われてきた。1998年には、ハリケーン「ミッチ」が中米を襲い、ホンジュラスとともにエルサルバドルは壊滅的な被害を受けた。何千もの人が家を失い、経済活動が全停止した。また、2001年1月と2月にも、2度の大地震が起こり、エルサルバドル国内の大部分が破壊され、多くの人が死亡した。こうした自然災害も、米国へと向かう人の流れをもたらしてきた。

　国外に居住する人からの送金は、39.1億ドル（2012年）にものぼる。これは、エルサルバドルのGDP（国内総生産）の20％に近い数字となっている。

　サルバドル系の米国への移住は6つの時期に分けられる[16]。ただ、米国

移民帰化局（現在は「市民権・入国管理局」と改名）は、1932年まで中米からの移民に関する詳細なデータを記録しておらず、中米各国の統計もないため、20世紀前半の時期については、サルバドル系を含む中米系全体を対象とするものである。ちなみに、米国移民帰化局は1820年から2003年までの間、中米から合法的に100万人を超える人びとが入国したとしている。

まず、中米から大勢の人が米国に移住した第1の時期は、1870年代から1930年代までである。この時期、中米のコーヒーが米国西海岸、とくにサンフランシスコで紹介され、輸出業が栄えた。この時期、カリフォルニア州のコーヒー工場で働く人が多かった。同様に取引が盛んであったのはバナナで、ニューヨークやニューオーリンズの港へ運び込まれていた。当時、中米地域で雇われた労働者たちがこれらの場所へ移住している。この時期の前半、移民ではないが、中米から多くのエリートが商用や観光で米国を訪れている。彼らのなかには、米国で事業を始める人もいたが、そこでの雇用を見込んで、その後移住してきた人もいた。

中米系移民が増えた第2の時期は、1930年から1941年までである。1931年から1940年の間、サルバドル人673人が米国に移住したとされるが、実際数はもっと多いだろう。エルサルバドルでは、マキシミリアーノ・エルナンデス・マルティネス将軍率いる軍部による独裁政権下であった。都市部に居住していた高学歴の知識人、教師、労働組合員、反体制派、亡命軍人などが、政治迫害、経済状況の悪化、個人の自由の侵害を恐れて米国へ移住した。彼らの移動先は、サンフランシスコ、ニューヨーク、ロサンゼルスであった。この時期、中南米系のなかでもっとも数が多かったのはニカラグア人だった。移住後、男性は湾岸での労働や建築関係、女性は織物工場や運送業関係で働く人が多かった。この時期以降、新しい移民たちは、既存の中米系やメキシコ系の多い地区に流入するようになる。

第3の時期は1941年から1950年で、5,000人以上が入国している。第2次世界大戦が起こると、パナマ湾を往来する船の交通量が増え、商業分野が大きく発展した。まずパナマに行って、進出している米国企業で働き、その伝

手で米国での仕事を探そうとする人が増えた[17]。実際、そうして米国での雇用先をパナマで見つけた人が大勢いた。当時、米国では、軍需産業において多くの労働力が必要とされており、男女問わず職を見つけることはそう難しくなかった。とくに、運輸業、海軍の軍需工場、織物工場での需要が高かった。この時期も、大多数はサンフランシスコやロサンゼルスなどに向かった。その他、ニューヨーク、ヒューストン、ニューオーリンズなどに渡る人もいた。移住前に、米国で暮らす親族に米国社会の雇用状況を聞いてから、移住時期や場所を決定する人がこの時期から増えていった。

戦後、戦場から兵士が帰還し、米国の労働市場に再び入ってくると、サルバドル系の就職は困難になり、国に戻る人が増えた。米国に残った人は、プエルトリコ系、メキシコ系などの多い職場で働きながら、他のラティーノたちとのネットワークを活かして、生活に必要な情報を得ていた。米国移民帰化局（現、市民権・入国管理局）によると、1941年から1950年までのエルサルバドルからの入国者は5,132人、1951年から1960年までは5,895人としている。これらの数は合法的入国者のみのものだが、この20年間はそれほど入国者が多くなかったと推測される。

その後、1961年から1970年になると、約1万5,000人が入国している。これが第4の時期である。エルサルバドルでは、政府に抵抗した民衆に対する暴力が明らかになり、脅威を感じた人が国外へと流出した。また、1965年、リンドン・ジョンソン政権下で移民法が改正されたことでも米国への移住が進んだ。この時の改正により、それまで多くの移民をもたらしてこなかった国出身の人びとと、米国で不足していた専門的職能を持つ人びとの優先的受け入れが決定した。結果的に、多くの中南米系の移民をもたらしたが、この時期の移民たちのなかには、高い教育を受け、米国社会で優遇される技能をもった人が少なからず含まれていた。彼らは、サルバドル系やラティーノのコミュニティの経済的・社会的発展に多大に貢献した。1970年代になると、エルサルバドルで社会不安がさらに高まり、支配階級からの移民が増えた。その大半は白人であった。彼らは、フロリダ州やカリフォルニア州に居住し、

やがてバイリンガルになり、大学を卒業し、永住権や市民権を獲得して、短い時間のうちに、米国社会にうまく馴染んでいった人びとである。なかには、高い社会的地位を築いた人もいた。1970年から1974年までは、約4万5,000人が合法的に米国に入国している。

　1979年以降の移民たちは、以前の世代とは異なる。大部分がミドルクラス層あるいは労働者階級出身で、多くの場合、非合法的手段で入国している。母国で十分な教育を受けた人が少なく、不利な条件の仕事に就かざるを得なかった。教育経歴だけでなく、英語運用能力や職能も乏しかった。当然、彼らの米国での暮らしは厳しいものとなった。この間を含む1975年から1990年までが第5の時期である。

　エルサルバドルで政治弾圧が一層と強化され、ついに内戦が始まると、米国への移住が進んだ。身の危険を感じたり、経済的理由から、1979年から1992年までに50万人以上が米国に避難した。エルサルバドルの多くの町が軍政府の管理下におかれ、強制的に約60万人もの農民が難民キャンプに移動させられた。場所は、エルサルバドルの国内、あるいは国外、ホンジュラス、ニカラグア、コスタリカ、ベネズエラ、メキシコ、さらにはカナダ、米国、フランス、スペイン、オーストラリアに及んだ。戦闘の場から強制的に避難させられ、難民となった人びとが政府の反政府因子とみられ、子どもから年寄を含む大勢が殺される事件も相次いだ。恐怖を覚えた人びとは、国内や中米の移住先から再び移動して、米国へと渡った。多くが農民で、米国南西部の農場で雇用先を見つけた。この時期に来た人のほとんどは、非合法的な手段で入国している。

　この時期の移住者たち全体をみると、彼らの社会的背景は多様である。なかには、政党、軍部、革命組織に所属していた人、労働組合員も多く含まれた。彼らは政党の活動や労働組合に関わったことで、公安部隊や暗殺団による逮捕、誘拐、拷問などを経験した人びとである。また、左翼ゲリラから逃れるために移住してきた人びともいる。政治不安と革命運動から逃れてきたサルバドル人の多くが、米国に政治的亡命者としての受け入れを求めた[18]。

しかし、レーガン政権はサルバドル人を経済的理由による入国とし、難民として扱うことを拒んだ。

　内戦最中の1986年10月、大地震が起こり、経済が破綻し、治安が悪化したことにより、労働者階級の人びとを中心に大勢が米国へ移住してきた。1990年の移民法で、特定の国を対象に一時的保護身分[19]が与えられることが決まった。サルバドル人は対象となる第1番目の集団となり、米国議会は1年間の居住と労働を許可した。そして、1992年と1993年の2度にわたって延長が許可された。1992年、ブッシュ（父）政権下での一時的保護身分の延長時には、米国政府は約19万人のサルバドル人に許可を与えている。しかしその際、母国の親族を訪問する許可は与えられなかった。1992年に内戦が終わると、クリントン政権は1994年にサルバドル人に対する一時的労働許可を差し止めた。しかし内戦の終結後も、壊滅的な経済状況や治安の悪化を理由に移住者の波は続いた。

　第6の波は1991年から現在に至る。1998年10月に、ハリケーン「ミッチ」が中米を襲い、死者数千人を出し、家を失った人は数百万人にも及んだ。エルサルバドル、ニカラグア、ホンジュラス、グアテマラの経済は壊滅的な被害を受けた。とくに若い世代を中心に、貧困層から多くの人びとが米国へ移住した。それから3年後、2001年1月と2月、2つの大地震がエルサルバドルを襲う。1月のマグニチュード7.7の地震では、少なくとも1,100人の死者、4,723人の負傷者を出し、建造物やインフラを破壊し、経済活動を停止させた。2度目の地震でも、多くの建造物が倒壊し、地方の水道供給システムが深刻な被害を受けた。これにより、約150万人が家を失った。130万人を超える人が国内北部や他の中米諸国、あるいは北米へ流出した。エルサルバドル政府は、米国ブッシュ（子）政権にサルバドル人に対する一時的保護身分の許可を求め、結局18か月の許可が下りた。2008年、米国在住の23万4,000人のサルバドル人に対して、米国政府は一時的保護身分を2010年9月までの18か月間延長し、期限となった2010年にも再び18か月延長した。

　2000年代後半からは、それまでサルバドル系や中南米系のコミュニティが

なかった地域に、入国したばかりのサルバドル人や他の場所からやってきたサルバドル系が流入している。なかでも、工場で職を得るために、南部、フロリダ州中央部、アトランタなどへ、また建設業や農業での仕事を求めてオクラホマ州へ移住する人が増えている。新しい移住先として選ばれるようになっているこれらの地域は、これまでの主な移住先であったサンフランシスコやロサンゼルスよりも、生活費が安く、住居や教育の面でも利点が多いとされる。また、都市部でギャングのメンバーに子が勧誘されることを恐れて、地方へと転居する家族が多い。

　現在、米国では移民に不寛容な世論が高まりをみせている。最近では、2010年、アリゾナ州のジャン・ブリュワー知事が「不法」移民の取り締まり強化を目的に、これまでの米国移民法でもっとも厳しいとされる反移民法案SB1070（第1章参照）に署名している[20]。これに対して、人権団体は激しく非難し、ラティーノの大規模な抗議デモも話題になった。しかしその一方で、アリゾナ州民の約60％以上、米国市民の約70％がこの法案に賛成している。また、アリゾナ州の移民法に続き、アラバマ州、ジョージア州、サウスカロライナ州、インディアナ州、ユタ州の5つの州でも同様の移民法が制定された。

8　変化する家族関係

　米国への移住は、親族関係を大きく変化させる。エルサルバドル、とくに地方の農村部では、いくつもの核家族からなる拡大家族やコンパドラスゴ（代理父母と実父母を中心とする親密な関係やそれに伴う慣行）を中心に家族間のつながりが重視されるが、移住後、まずは物理的な距離が生じることで、以前のような家族のつながりを持ち続けることは難しい。非合法で滞在をしている人にとってはなおさらである。子を母国に残したまま、米国に滞在しているケースは多い。親子間、夫婦間で法的な立場が異なることもよく

ある。たとえば、多くの母親が母国に夫や子を残して、米国で非合法に滞在している。母国では、子を自分の母親（子にとっての祖母）に預けて、自分はいつ帰国できるかわからないままという人もいる。そうする間に、母親は米国で新しいパートナーを見つけて[21]、新たに子をもうけるということもある。非合法に滞在している人は、本国へ戻ると以後、米国に入国できなくなることも考えられるため、会いたい家族がいても帰国に関しては慎重にならざるを得ない。自らが米国で働き、母国にいる家族に送金することで、離れて暮らす家族や親族の生活が可能となっているからである。本国にいる子が観光ビザを申請して、米国に入国することもできるが、この方法にはある程度の経済的な余裕が必要となる。

　米国へ移住したサルバドル系の人びとと母国に残してきた家族とのつながりを描いたドキュメンタリー作品『不在者たち（原題：Ausentes）[22]』がある。作品のなかでは、米国バージニア州に住む、子を母国に残している母親たちが紹介されている。ある女性は、母国にいる幼い子を想いながら、悲しくて泣いてばかりの日々を過ごしてきたと語る。「まずは1年か2年と思って米国に来た」という彼女の滞在は、もう12年になる。「いつの日か帰る」と思う一方、母国で夫の暴力に悩まされていたことを思い出すと、「帰りたくないという感情も込み上げてくる」という。作品のなかで、非合法の身分であるから帰国できないという女性が、母国で自分の子を預かって育ててくれている母親に電話し、子の近況について尋ねる様子が映し出されている。12年間に及ぶ母と子の離れ離れの暮らしは、子から母の面影を奪っている。米国にいる母の顔を息子ははっきりとは覚えておらず、時折、母の送ったモノが届く時に、母の存在を思い出す程度になっている。

　また、米国で低賃金の仕事をしながら母国にいる子や親、親戚に仕送りをしている女性が、やがて帰国すると、母国を去った時はまだ幼かった子が10代後半になっており、親子関係をそこから築くことの難しさを実感するという様子も描かれている。逆に、エルサルバドルから子を呼び寄せ、米国の新しい家族と一緒に新しい生活をはじめた人も登場する。エルサルバドル

で祖母に育てられた子が米国に移住し、長年会っていなかった母親と再会する。と同時に、米国で生まれ育った兄弟（母親が米国で産んだ子）に初めて会う。そこから共同生活が始まる。エルサルバドルから来たばかりで英語を話せない兄と、英語が第一言語でスペイン語をあまり話さない弟。言葉以外でも、日常生活のなかで兄弟の育った環境の違いを際立たせることが次々に起こる。兄弟は互いに距離をとり、同じ居住空間にいてもそれぞれを干渉しない。そうした様子をカメラが淡々と映し出す。家族の離散が、個人に強いストレスをもたらす状況が理解できる。

　在米サルバドル系集団にとって、内戦の記憶はまだ過去のものとはなっていない。エルサルバドルの内戦によってもたらされた健康被害や精神的トラウマに悩む人は今も大勢いる。こうした現状を受け、サルバドル系が多いコミュニティのNPO施設や教会では、内戦時のトラウマに苦しむ人を対象にカウンセリングや医療サービスを提供している。しかし、それらの数はまだ十分足りてはいない。パートや臨時要員など非正規雇用で働く人の場合、福利厚生がなく、医療保険もないため、健康被害があっても適切な処置を受けられないケースが多い。コミュニティ内でアルコールや薬物の依存症が深刻化しているが、それにはこうした背景もある。トラウマ同様、二次的な被害としての依存症は、家族関係を悪化させる場合もある。

　エルサルバドルは、国家を国際的な物流の拠点にしようと今世紀に入ってから空港、港湾、道路の整備を進めている。また、発達した交通網、ドル化の実現、金融の規制緩和などにより、他の中米諸国とともに地域の観光業や金融業の強化もしており、海外企業を積極的に誘致している。実際、こうした経済戦略は成果を挙げている。しかし、多くの人びとの経済状況は良好ではなく、それ故、エルサルバドルから大勢の人が米国に流入し続けている。

　情報、モノ、金は確かに双方向に流れているが、経済的理由で国を出る人の移動は、多くの場合、双方向ではない。

【サルバドル系基本データ】

- ☆サルバドル系とは、中米エルサルバドル共和国から来た人、および、その子孫のことである。
- ☆サルバドル系は米国ラティーノ人口のなかで3番目に大きな集団であり、全体の3.8％を占める（2011年時点）。
- ☆米国国勢調査局によると、推定約200万人が米国に在住しているとされる。
- ☆60％が外国生まれ。ラティーノ全体の平均36％と比べて、非常に高い割合である。
- ☆サルバドル系の約3割が米国市民権を持っている。
- ☆現在、米国にいるサルバドル系の約3分の2が1990年以降に入国している。
- ☆1979年から1992年まで続いたエルサルバドルでの内戦時に大勢が米国に移住してきた。
- ☆1979年以前と1992年以降では、経済的理由により、多くのサルバドル人が米国に移住している。
- ☆サルバドル系はカリフォルニア州、テキサス州、バージニア州に多く居住している。
- ☆ロサンゼルスのサルバドル系人口は、エルサルバドルの首都サンサルバドルよりも多い。
- ☆大卒以上の学歴をもつ人は全体の7％以下となっており、ラティーノ全体の平均13％よりも低い（全米平均は29％）。
- ☆平均年収は2万ドルで、ラティーノ全体の平均とほぼ同じである（全米平均は2万9,000ドル）。
- ☆貧困率は23％。全米平均16％よりは高いが、ラティーノ全体の平均26％よりは低い。
- ☆近年、地方に移住する人口が増えているが、全体的としては都市型居住である。

【注】
1）現在、主な先住民は、ピピル族、レンカ族、ポコマン族、カカオペラ族（マタガルパ族あるいはウルア族とも呼ばれる）である。
2）肥沃な土壌、カカオ、豊かな自然を表していると考えられている。カカオから作られたチョコレートは、かつて先住民たちに貨幣として使用された。
3）ホンジュラス南西部とエルサルバドルに居住している。ホンジュラスには約10万人、エルサルバドルに約4万人弱が居住しているとされる。先住民族の人口については、資料によって差が非常に大きい。レンカ族に関しても、3万人から10万人までの幅がみられ、実際のところはよくわからない。もっとも数が多いとされるピピル族についても同様である。
4）現在の首都がある場所に位置づけられるまで、数十年にわたって何度も場所が変更された。
5）後の1830年代には、現在のグアテマラ西部とメキシコ南部にあるチアパス州の一部であるロス・アルトスが加わった。
6）この背景には、これまでの先住民に対する抑圧が大きく関係していると考えられる。
7）アウグスト・セサル・サンディーノは、ニカラグアの解放闘争のシンボル的存在となった人物である。ラテンアメリカの人びとやラティーノたちに幅広く支持されている。1909年以降、米国の干渉を受けてきたニカラグアで、自由党軍のサンディーノは、ニカラグア国民主権防衛軍を率いて米国海兵隊（占領軍）に抗戦し、1933年に米海兵隊を撤退へと追いやった。
8）1980年3月、政府の起こした残虐な行為に批判的であったオスカル・ロメロ大司教が暗殺されたことで国民の国家への信頼はさらに低下した。同じく1980年12月には、暗殺団が4人の米国人修道女を暴行殺害する事件が起こった。この直後、米国は経済的・政治的支援を一時停止している。
9）内戦後は政党として活動を始め、2009年にはエルサルバドルの与党となった。2014年3月の大統領選でも、FMLNのサンテス・セレンが勝利した。
10）たとえば、カンボジアやキューバなどの共産主義国から入国する人に対しては、これまで米国は多くの人びとを難民として認可している。
11）しかし、非合法的に入国する人の数が多いため、実際いつ順位が変わったかはよくわからない。
12）こうした統計データには、非合法入国をした人が含まれない。
13）もちろん、他の中米系やラティーノたちとの交流もある。
14）今では、中米系を中心にエスニック的に多様になっており、全米都市部や中米各国に支部をもつ。日本でも公開された『Sin Nombre（邦題： 闇の列車、光の旅）』

（Cary Fukunaga監督。2009年）や『LA VIDA LOCA』（Christian Poveda監督。2008年。日本未公開）のなかでもマラ・サルバトルーチャが登場する。
15) 1980年代初期には、入国したばかりの人びとに安全な住居を確保しようとする運動があった。この動きに300を超す宗教組織が賛同し加わった。この運動の盛り上がりによって、悪質な住宅事情に悩まされていたサルバドル系の現状が明らかになった。
16) サルバドル系の移住時期の区切り方は、いくつか異なる分け方がされる。本著ではCordova, Carlos B. "The Salvadoran Americans" Connecticut: Greenwood Press. 2005.に倣った。
17) 当時、パナマ運河には米軍の施設があった。運河の管理を行っていたのも米国である。
18) ニカラグア、ホンジュラス、グアテマラでも政治不安が続き、大勢が米国に流入している。
19) 6か月から18か月の滞在が許可される。
20) このアリゾナ州の移民法は2010年7月29日から効力を発揮することになっていたが、前日28日、米国連邦政府司法省は、この移民法が連邦政府の権限を侵犯しているとし、米国最高裁判所に訴訟を提起した。その結果、最高裁は2012年にアリゾナ州の移民法の大部分が憲法違反である、とした。
21) エルサルバドルはカトリック教徒が大多数の国であるが、アコンパニャードと呼ばれる両者合意の上での婚姻関係（日本社会でいうなら「内縁」関係）が一般的である。アコンパニャードの関係のなかで生まれた子どもの父親が出生証明書に記されていれば非嫡出子ではない。カトリックでは離婚が禁止されていることもあり、多くのサルバドル系女性がアコンパニャードを好むとされる。
22) Tomás Guevar監督。2009年。エルサルバドル。

コラム 4

メキシコ系ネイティブ・アメリカン？──マヤ語を話す移民たち──

　メキシコからアメリカ合州国への移民は1990年代以降に急増した。アメリカ合州国に住むメキシコ生まれの人口は、1990年の約430万人から2008年の約1,100万人へと劇的に増加した。そしてこの数的増加にともない、しばしば一くくりにされる「メキシコからの移民」の内訳も多様化していった。従来、移民の出身地はサカテカス・ハリスコ・ミチョアカンといった、メキシコ中央部から北部にかけての州（ただし、国境地域からの移民はかえって少ない）が中心であると言われてきた。また、典型的な移民のイメージといえば、収穫など農繁期の農業地帯への出稼ぎ労働者であった。しかし、1980年代以降はアメリカ合州国、しかも都市部に職を得て定住する移民が増え、それにともなって女性や、家族そろっての移民も増え、移民の出身地はメキシコ全土へ、移民先も国境に比較的近い州の農業地帯だけではなく、都市部そしてさらには南東部へと広がっていることが、すでに統計データやフィールドワークによって指摘されている。

　まだあまり知られていないが、このようなメキシコ系移民の増加と多様化に伴って、メキシコの先住民がアメリカに移民するケースも増えている、という事実がある。2000年代のはじめ、サンフランシスコ近郊のソーシャルワーカーたちは、「スペイン語を話せないメキシコ人」が増えていることに気づいた。彼らの多くはメキシコ南部出身で、スペイン語がそれほど浸透していない先住民村落から、メキシコの都市部などの伝統的な出稼ぎ先を経由することなく、直接アメリカ合州国へとやってきた人々だった。本稿の主役は、こうした「メキシコ系ネイティブ・アメリカン」とでも呼ぶべき人々である。

　サンラファエルの町には、メキシコ南東部のユカタン州ペト市から、多くの人々が移民している。そのなかのひとり、フェリペ・タピア氏はマヤ語とスペイン語のバイリンガル（アメリカで覚えた英語も入れればトリリンガル）で、メキシコ政府先住民局が同市に設置したラジオ局で働いた経験があったが、アメリカに移民してのち、地域のFM放送でマヤ語・スペイン語放送のDJとして2004年頃からメディアに取り上げられるようになった。私が知り合ったとき、彼はイラン人が経営する高級モールのアイスクリーム屋で働いていたが、その一方で彼の

声はマリン・カウンティー全域にラジオを通して流れ、地域に住むマヤ語話者のコミュニティーに知られる存在となっていたのである。

　フェリペはその他にも、ペト出身者の移民の会を組織して地域のイベントで踊りを披露するなど、ユカタンの文化を移民の間で守りつつ、アメリカの地域社会に紹介する活動をしていた。そして彼の活動に注目したカリフォルニア大学の宇宙研究者が、彼と共同でマヤの天文学についてのイベントを開催するなど、幅広く活躍することになる。

　リーマン・ショック後、ロサンゼルスでの移民のイベントに参加し、そのままふるさとのペトに帰った彼は、不定期ながら地元の先住民ラジオ局のDJに復帰するとともに、子供に無料で英語を教えたり、マヤ遺跡のウシュマルで働いたりしていたが、今はプラヤデルカルメンというリゾート地で公務員として勤めながら、週末はペトに戻るという生活を続けている。彼はあるとき、「メキシコでは僕はnadie（＝nobody）だったけれど、外の世界に出てみて、マヤのことに興味を持ってくれている人がたくさんいることがわかったし、その人たちは僕の話を聞いてくれた」と語ってくれた。「アメリカンドリーム」という言葉を安易に使いたくはないが、彼にとってのアメリカ滞在は、収入を得る機会だけでなく、「マヤ」のひとりとしてのアイデンティティーを持つきっかけとなった。そして、7年ほどのアメリカ滞在の間、彼から現在の「マヤ」について学んだ人も、きっと数多くいたのである。

渡辺　暁（山梨大学准教授）

第5章 キューバ系

1　はじめに

　キューバ系とは、カリブ海最大の面積をもつキューバ島にあるキューバ共和国（以下、「キューバ」とする）から来た人、および、その子孫である。キューバはフロリダ半島から南へ約145kmのところに位置する。島の東には、ハイチ共和国とドミニカ共和国が共有するイスパニョーラ島があり、南には、ジャマイカ島がある。日本の本州の約半分ほどの大きさで、カリブ海で一番大きな島である。人口は約1,127万人（2012年時点）で、現在のところ、カリブ海域で最も多くの人口を抱える国である。しかし、少子化と高齢化が進んでおり、近隣のドミニカ共和国に2020年までには人口が追い越されるとみられている[1]。

　キューバ島は、1492年、コロンブスの第1回目の航海時に「発見」された。1511年、スペイン人による植民地支配が正式にはじまると、先住民らはプランテーションや鉱山での過酷な労働を強制された。過労、植民者らとの闘い、自殺、病気などにより、先住民人口は17世紀の半ばにはほぼ絶滅していた。先住民人口の減少によって失われた労働力を補充するため、スペイン人はアフリカ大陸から黒人を「輸入」し始めた。以後、キューバ島には、黒人が急増していく。16世紀後半になると、スペインはカリブ海域の領土における

積極的な関与を控えるようになり、キューバにおける支配も脆弱化していった。その1年後には再び取り返したものの、1762年に始まった7年戦争[2]では、英国によってハバナが占領された。この時代に、最も多くの奴隷が島にもたらされた[3]。

キューバ人は、大きく分けてヨーロッパ系、先住民系、アフリカ系、そして、それぞれの集団の間に生まれた混血から成る。入植者だったヨーロッパ系や、奴隷として連行されてきたアフリカ系のなかには、多様なエスニック集団が含まれていた。また、レバノン系、トルコ系、パレスチナ系、中国系、日系[4]などの移民も多いキューバ社会は、非常に多文化である。

2　キューバにおける米国の台頭

18世紀後半、キューバの主要産業である砂糖、タバコ、牧畜などは、北米商人との取引によって支えられていた。砂糖とタバコのプランテーションは、奴隷の労働力なくしては成立しなかった。19世紀になると、世界的に奴隷廃止運動が広がり、1820年、スペインは奴隷交易を禁止するとした条約を英国と交わしている。しかし、こうした動きの一方で、奴隷貿易は継続され、奴隷価格が高騰するなかでも、多くの奴隷がキューバ島に運び込まれていた。やがて、ヨーロッパや中南米との交易がさらに活発化すると、砂糖業の収益は、島の経済を支えるもっとも主要なものになった。この頃から、経済力のあるクリオージョ（キューバ島生まれのスペイン系）の農園主が増加した。輸出市場の拡大や新しい技術の導入が進む一方で、設備投資による経済的負担が重くなり、後に経済危機が起こった。すると、スペインの支配に対する不満がクリオージョたちの間で急速に高まった。その当時、奴隷による大きな規模の反乱も頻発するようになっていたが、奴隷側に味方するクリオージョたちが増え、奴隷制の撤廃を主張するものも出てきた[5]。そしてついに、奴隷たちとともに革新派クリオージョたちは、スペイン支配からの解

放を求めて1868年から10年にわたって第1次独立戦争（10年戦争）を開始した[6]。独立に向けての気運が高まった19世紀後半、キューバから米国への移住者が急増し、亡命キューバ人が大勢ニューヨークに集まるようになった。1892年には、キューバ独立運動の父とされるホセ・マルティ（1853-1895）[7]らが中心となってキューバ独立党が結成された。マルティは、米国やジャマイカなどのキューバ系コミュニティで絶大な支持を得た。1895年、彼は黒人とクリオージョらとともに、キューバでスペインに挑んだ（第2次独立戦争）。この戦争でマルティは戦死したが、マキシモ・ゴメス将軍（ドミニカ共和国生まれ）に率いられたキューバ独立軍はスペイン軍を圧倒し、島の約半分をスペインから解放した。

　しかしその矢先、1898年、ハバナに停泊中の米国の戦艦メイン号が何者かに爆沈されるという事件が勃発した。19世紀末、米国では新聞メディア業界が急成長を遂げていた。このメイン号事件はスペイン軍による「蛮行」として、センセーショナルに報道された。そしてついに、世論の大きな支持を得て、米国は米西戦争（キューバでは、米西キューバ戦争と呼ばれる）に挑むこととなった。その結果、勝利した米国は、カリブ海スペイン領における支配を手にした。1902年、米国の軍事占領下で、スペインから解放され、キューバ共和国が誕生したのである。それから4年間にわたり、米国はキューバを支配し、その後も、キューバの政治と経済に大きな影響力を持ちつづけた。憲法には、米国の内政干渉権が盛り込まれ（プラット修正条項）、事実上、キューバは米国の保護国状態となり、それはキューバ革命が起こるまで続いた。

　米西戦争時に米軍が占領したキューバ島南西部のグアンタナモには、現在も米国海軍の基地が置かれている[8]。1903年、新生キューバ政権は、米軍グアンタナモ基地の永久租借を認めた。2001年の同時多発テロの後、「テロリスト容疑者」として米軍に拘束されたアフガニスタン人、イエメン人、イラク人などが収容されている米軍基地内のグアンタナモ収容所の様子については、日本でもこれまで報道されてきたが、この収容所がキューバにあること

を知り、驚いた人も多いのではないだろうか。この収容所に拘束されている外国人に対する米軍の非人道的扱いに世界から非難が集中し、2009年1月、オバマ大統領はこの収容所を1年以内に閉鎖するとしたものの、議会の反発が強く、現在のところまだ存続している。

19世紀半ば、米国はキューバの砂糖生産に多額の投資をしており、生産量の5割以上が米国に輸出されていた。その割合は以降、どんどん高くなっていった。19世紀末、プランテーション、工場、港などを結ぶ線路が敷設され、生産形態が大規模になると、それまでの効率の悪い小規模経営の砂糖業者のなかには事業を手放すものもいた。この変化の中で、砂糖業界における米国企業のシェアは一層と拡大した[9]。19世紀後半から20世紀初頭にかけて、スペインや英国に代わり、キューバの砂糖業を牛耳っていたのは米国企業である。

砂糖ビジネスに関わり大きな利益を得ていたのは、米国系キューバ人を含む両国の富裕層であった。キューバの国土も8割近くは、外国企業を含む、ごく少数の富裕層の私有地であった。キューバの富裕層は、古くから、マイアミを中心とするフロリダ州南部とキューバの2つ（あるいは、それ以上）の場所でビジネスを成功させてきた。実際、彼らの多くがフロリダ州に不動産をはじめ、何らかの資本を所有していた。1920年代の禁酒法以降、ハバナでは、大規模リゾート地の開発が進み、さらに、ギャンブルなどの周辺産業も興り、大きな経済発展を遂げるが、そこには多くのマフィアが絡んでいた。したがって、富裕層にとっての重要な取引相手には、米国マフィアも少なからず含まれていた。この時代のハバナの観光業やマフィアの様子については、ハリウッド映画でも確認できる。古くは映画「ゴッドファーザーⅡ」（1974年）を筆頭に、この時代のキューバを扱った話のなかでは、羽振りがよい米国マフィアたちの抗争がノスタルジックに描かれている。

しかし、米国資本を基盤に支えられた経済繁栄の影で、一般国民らの暮らしは困窮していた。そして、富める者の味方に徹していたキューバ政府に対する民衆の怒りは、次第に高まっていった。

3　近くて遠いキューバとの関係

　20世紀前半、キューバ経済における米国の圧倒的な存在やキューバの腐敗した政治に民衆は不満を募らせていた。1933年から「善隣外交」を行っていた米国は、キューバでの度重なる政変や左派勢力の台頭に頭を悩ませ、1934年、プラット修正条項を撤廃するなどして、治安の安定を図ろうとした。そうしたなか、フルヘンシオ・バティスタは、1930年代、2度にわたりクーデターを起こし、1936年にキューバの政界で実権を掌握した。1940年には、大統領に就任し、経済発展に貢献するが、彼は1944年の大統領選挙で敗れる。1940年代、彼はフロリダでカジノを経営し、マフィアや米国資本と深い関わりをもちながら、財力を蓄えていた。その後、砂糖価格が不安定になり政治不安に陥ると、1952年にバティスタは再度クーデターを起こし、独裁政治を始める。彼が進めた経済改革により、数字の上では、キューバの生活水準は上がった。しかし、それは富が集中した一部エリート層によって引き上げられたものであり、米国経済への依存度はより高まっていた。大多数の民衆にとってはまったく実感することができない国家の経済成長であった。

　1950年代、国内の産業や土地は、外国資本によってさらに買い占められ、貧困層は民衆を無視した政府に対し抗議活動を起こすようになる。1953年には、フィデル・カストロ率いる100人を超える若者がキューバ島東部（サンティアゴ・デ・クーバ）にある政府のモンカダ兵営に奇襲攻撃をしかけた。しかし、これは失敗に終わり、カストロは逮捕されている。その後、恩赦を受け、釈放されたカストロはメキシコに亡命し、エルネスト・チェ・ゲバラに出会い、ともにバティスタ政権を倒すための武装闘争を決意する。当初、キューバ政府は反乱を起こしたものを見せしめに処罰したが、反バティスタを謳う武装勢力を支援する民衆は増えるばかりだった。1956年、革命に備えた訓練を積み、カストロ兄弟（フィデルと実弟ラウル）やゲバラら80数名はプレジャーボート「グランマ号」でキューバに向かった。現地で待機して

いた運動組織は、到着が遅れていた一行を待たず蜂起を決行し、多くの犠牲者が出た。しかし、以後、カストロ兄弟やゲバラらは、巧みな戦略で窮状を克服し、大衆を味方につけながら、その後2年以上も闘い抜き、ついに、1959年1月1日ハバナを占領し、革命政権を樹立した。

それ以降、フィデル・カストロは2008年までの長きにわたり、キューバの最高指導者となった。大土地所有者や外国の独占企業が所有する土地を接収・国有化し、土地をもたない農民に土地を分与し、さとうきびのプランテーションや牧場を集団農場化した。この間、富裕層やミドルクラス層は反感を露わにし、米国へ渡った。彼らは、キューバの政権を倒すことを目標に、米国政府とともに、反キューバ勢力として活動した。キューバの革命政府が長くは続かないと信じて渡米してきた彼らであったが、それからすでに50年以上も時が経った。

1961年、キューバが社会主義[10]国宣言をして以来、社会主義を敵視する米国とキューバの間には正式な国交がない。米国資本家らの財産が国有化されたことで、1962年、ケネディ政権は、キューバに対する禁輸措置を発令し、全面的経済制裁を開始した。以降、米国は経済制裁を解くことなく現在に至っている[11]。キューバは米国による経済制裁以降、ソビエト連邦と政治的・経済的な結びつきを強めていった。しかし、1980年代後半の東欧社会主義国の政治体制の移行や1991年のソビエト連邦の崩壊により、キューバ経済は大きく傾いていった。とくに、それまで砂糖の大部分を買い取っていたソ連の解体は、キューバのモノカルチャーの弱点を露呈した。必要な輸入品総数が大幅に落ち込み、食糧自給率の低いキューバで人びとの暮らしは困窮した。また、同時期、砂糖の国際価格が低下したことによっても、さらなる深刻な経済危機がもたらされた。こうした事態が多くのキューバ人に海外移住を決意させることとなった。

国連総会は米国の経済制裁を幾度も非難しているが、ハリケーン被害に対する人道的な支援を除いて、米国はこれまで強硬に制裁を行使してきた[12]。1996年、クリントン政権下で成立したキューバ自由民主連帯法（ヘルムズ＝

バートン法[13]）の成立は、キューバに対する米国の頑なな態度を明らかにした。米国の強行な姿勢の背後には、亡命キューバ人による政治献金やロビー活動がある。

2008年から、フィデル・カストロの病気を理由に、実弟ラウル・カストロが国家評議会議長および閣僚評議会議長を務めている。これまでキューバ政府は外国人を呼び込む観光に力を入れ、民営化や物々交換の推進などで経済の再建をはかっている。また、最大の貿易相手国であるベネズエラの原油とキューバの医療技術をバーターする貿易によって、これまでのところ順調な経済成長がもたらされている。ウーゴ・チャベス大統領の死後、側近の反キューバ派の影響がどう及ぶかが懸念されたが、後継のニコラス・マドゥーロ・モロス政権においてもキューバとの蜜月関係は、今のところ継続している。

4　キューバからの移住

2000年度の米国国勢調査時、約120万人だった米国のキューバ系人口は、2010年度には推定190万人となり、前回から44％の増加となった。キューバ系は、米国ラティーノ全体で4番目に大きな人口をもち、全体の約4％を占めている。キューバ系人口は、フロリダ州に集中している。その数は約120万人であり、フロリダ州で最も大きなラティーノ集団となっている。とくに人口が集中しているのは、マイアミ-デイド郡（ハイアリーア市、マイアミ市、ウエストマイアミ市、ウエストチェスター、コーラルテラスなど）、パームビーチ郡、タンパ市などである。他の州では、ニューヨーク州ニューヨーク市や、ニュージャージー州ユニオンシティ市およびウエストニューヨーク、マサチューセッツ州ボストン市、ペンシルバニア州フィラデルフィア市、ルイジアナ州ニューオーリンズ市などにキューバ系コミュニティがある。

キューバ人の移住の歴史は古い。19世紀の10年戦争（1868〜1878年）や独立運動の気運が高まった際に、たばこや砂糖産業の関係者と職人が混乱を逃れるため、フロリダ州のタンパ市やキーウエスト市に移住している。キューバ島での混乱を避けて、キーウエスト市やニューヨーク市に製糖工場が作られ、安定した生産量が確保されていた。1870年までに、キーウエストには1,000人を超えるキューバ人が居住していた。

　19世紀後半になると、多くのミュージシャンがニューオーリンズに移住し、のちにジャズと呼ばれる米国音楽に多大な影響を与えた。この時期に米国に渡ったほとんどのキューバ人は次第に全米に拡散していった。20世紀初頭までのキューバ人の海外移住は、大移住が始まる20世紀半ばと比較すると規模は小さい。

　キューバからの移住者の大きな流れは4つに分けられる。第1期は、1959年から1962年である。キューバ革命がおこり、バティスタ政権が倒され、キューバ危機によって米国が海上封鎖するまでの間、大勢のバティスタの支持者らがフロリダ半島南部へ渡った。フィデル・カストロによる私有財産の接収、米国資本の国有化、農業改革に反発する約25万人が米国に移住した[14]。その多くが、会社経営者、大規模な取引をしていた商人や投資家、技術者、医者、建築家、砂糖産業関係者、外資系企業の管理職や専門職などに就く裕福な白人たちであった。彼らは、キューバの革命政権は長く続かないと信じ、航空機で渡米してきた人びとである。フロリダでの生活が始まると、反カストロを掲げて結束し、米国政府にキューバ革命政権を干渉するように積極的に働きかけた。米国政府も、キューバからの移住者を守るため、1961年2月、キューバ難民プログラムを施行した。冷戦の最中、このプログラムによって、いまだかつて例がないほど、移住者たちは寛容に扱われ、食料、医療、教育、就職、ローンに及ぶまで手厚く支援された。この時期の多くの移住者は、すでに何らかの形で米国に資本をもっていた。難民プログラムの適応によって、米国政府から奨学金をもらい、彼らは高い教育を受けた。やがて、米国の政府機関で働くようになった人も多かった。たとえば、1960年代に中央情報局

（CIA）は、フロリダ州のどの企業よりも多い、約1万2,000人のキューバ人を雇用している。多数が富裕層で、恵まれた環境で生活することができた第1期の移住者たちは（第2期にやってきた一部の富裕層出身の移住者も含まれるが）、「黄金の亡命者」と呼ばれる。

　1960年から1962年にかけて、カストロを支持しない家庭の6歳から17歳までの子どもたちがキューバ政府に連行される、という噂が広まった。そこで、カトリック教会司祭の監視のもとで、キューバの子供たちが単身で里子としてマイアミの親戚や友人、あるいは、全米各地の受け入れ家族のもとへ送られた。このCIA主導の「ピーターパン作戦」によって1万4,000人を超える子どもたちが米国に渡った。幼い頃に、親元から引き離された経験が当時の子どもたちにトラウマをもたらし、大人になっても苦しんでいる人が多いという。フィデル・カストロは、CIAがキューバ政権を揺さぶる目的で噂を流した、と言及した[15]。ピーターパン作戦については今も議論が続いている。

　第2の時期はキューバ危機の後、1965年から1974年の間で、約34万人が米国へ移住した。革命の成功後、新政権が土地、教育機関、企業、病院などの国有化を進めたことで国内は大混乱となり、1960年代後半に、キューバ国内は物資が不足した深刻な事態に陥っていた。後の1972年には、ソビエト連邦主導の東ヨーロッパを中心とした共産主義諸国の経済協力機構だった経済相互援助会議（コメコン）に加盟するも、砂糖頼みのモノカルチャー経済から脱却することは結局できなかった。その間も、米国への移住者は急増した。大勢が小舟でフロリダを目指したり、メキシコやスペインなど第三国を経由して米国への入国を試みた。海流の荒い海を渡ろうとする人びとのなかに、多くの遭難者が出た。そこで、キューバ政権は、1965年10月10日から翌月15日までの間、すでに米国に居住している家族が離れている家族をキューバに迎えに来てもよいと認可した。受け渡し場所としてハバナの東、マタンサス州のカマリオカ港を指定した[16]。これにより、約3,000人がキューバを去った。その後も出国希望者が大勢いたことから、米国政府は

キューバ政府との合意のもと、空路で迎えのチャーター機を送り、1965年から1973年まで、日2便の米国航空機で、キューバのマタンサス州バラベロビーチから米国移住希望者の輸送を行った。「フリーダム・フライト」(米国側の呼び名)と呼ばれたこの航空便で、月に3,000人から4,000人が移住し、移住者の総計は約26万5,000人を超えた。この時期の移住者は、米国にいる家族や親戚によって呼び寄せられた人びとが大半である。女性と高齢者は比較的容易に出国できたが、兵役義務のある若い男性の渡航は難しかった。移住者の大部分は、料理人、庭師、露天商、美容関係、タクシー運転手など自営のミドルクラス層で、革命政権によって財産を没収され、不満を抱えていた人が多く含まれた。この時期の移住者は第1の時期に比べ、富裕層やアッパーミドルクラス層の割合が低くなり、貧困層の割合が高くなった。カマリオカ港が閉じた後も、小舟で出国しようとする人の流れは絶えなかった。

　1966年11月、ジョンソン政権下でキューバ難民地位調整法が制定され、入国理由にかかわらず、革命政権の成立後に米国に来て1年以上米国に居住している者には永住権が与えられるようになった。この法律の適用を受けたキューバ人は、1965年の移民法による受け入れ枠に加算されない(第1章参照)。メキシコ系や他の中南米系に比べ、これまでキューバ系は、米国政府によって著しく優遇されてきた。1978年には、キューバ政府と亡命キューバ人との間に話し合いの場がもたれ、亡命キューバ人がキューバにいる家族を訪問することと、政治犯を釈放することに合意がもたらされた。

　出国希望者の急増で、海難事故がますます多発するようになった。簡素な手漕ぎ舟に、定員をはるかに超える人びとが乗り込む。さらに、両国の監視の目をのがれるために、海流の荒い海を夜に出国する。これは危険な命がけの行為である。急増著しい出国希望者に対して、キューバ政府はハバナ郊外のマリエル港を指定し、親族が迎えにくる場合、条件を満たせば出国を認めるとした。これによって、第3の時期が始まった。1980年4月15日から同年10月31日までの6か月間、12万5,000人以上(さらに約2万5,000人のハイチ人も含まれた)が米国に入国した。キューバ政府が多くの「精神疾患者」

や犯罪者をこの時期、米国に送ったと米国内では非難の声が上がり、両国の関係は緊張した[17]。米国政府は2,500人を「犯罪者」と認定したが、うち1,400人が両国の話し合いの結果、キューバに送還された。この時期、フロリダ州に流れ着いたキューバ人は、出港地および舟の名前（出港地にちなんで同名を与えられた）から、「マリエリート」と呼ばれる。非白人が多く、約7割が若い独身男性、約3割から約4割が黒人であった。1980年以前の亡命者は、富裕層やアッパーミドルクラス層の白人が大半であったが、それ以降は、大部分が労働者階級で、（なかにはインテリも含んだものの）十分な教育をもたない人の割合が高くなる。それ以前の世代と比較すると、米国内に居住するようになった後、失業率や貧困率が高く、英語習得率や高等教育進学率は低い[18]。大半が経済的な理由で移住している。短い期間に、大勢のキューバ人が押し寄せたことで、フロリダ州南部の地元民は混乱した。新しい移住者に関する、「精神疾患者」や犯罪歴をもつものが多いというイメージが広まり、また、以前の亡命者とは出身社会階層も人種も異なっていたために、マリエリートたちは「地域の治安を乱したやっかいな移住者」とみられた。

　当時のカーター政権は、キューバに対して宥和政策をとっていたが、キューバ人の受け入れに対して国内で批判が高まり、支持率が大きく低下すると、キューバ人の受け入れを打ち切った。しかし、海を越えてやってくる人の流れは止まらなかった。

　カーター政権下での対キューバ政策に世論は低い評価を下したことから、次のレーガン政権は、キューバに対して厳しい姿勢をとった。

　1980年代末から1990年代初めまでの東ヨーロッパとソ連の社会主義崩壊により、キューバは、革命後、最悪の経済危機に見舞われた。その上、1992年、ジョージ・W・ブッシュ（父）政権が経済制裁を強化すると、キューバの経済はさらに苦しめられた。キューバ国民の生活は困窮し、食料、ガソリン、電気、生活必需品が不足するなか、1994年6月に、革命後最大となった暴動がハバナ港付近で起こった。同時期には、廃材を利用したバルサと呼ば

れる粗末な手作りのいかだで、米国への渡航を試みる人が貧困層の若者を中心に急増した。1980年代大半と1990年代初頭、米国への入国が認められたのは年間約2,000人であった。出国希望者が増加するなか、カストロはキューバ人の自由な出国を認めた。すると、1994年8月から約1か月の間、バルサに乗り命がけでフロリダを目指すものが多勢となった（「いかだ難民（バルセーロ）」と呼ばれる）。これが第4の時期の始まりである。1か月以内に、米国国境警備隊と沿岸警備隊によって発見された数だけでも約3万7,000人となった。米国の領域に達した後に捕まったいかだ難民たちは、入国許可を得るまで8か月以上グアンタナモやパナマの収容所などに拘留され、身元引受人があらわれるまで外に出ることが許されなかった[19]。収容所は直ぐにキューバ人で溢れ、新たな対策が必要になった。キューバ人の急増で財政が逼迫したフロリダ州は、当時のクリントン政権に、キューバ人の無制限受け入れをとりやめるように訴えた。米国政府はマリエリートたちがもたらしたような社会混乱が再度起こることを恐れ、キューバ政府は米国とのさらなる関係悪化を阻止したかった。そこで、1994年の移民協定で、米国はキューバに出国者を減らすよう要請し、キューバ政府は米国政府に拘束されたキューバ人の身柄を引き取ることを了解した。さらに、米国は非合法の入国を制限するために、年間最低2万人以上のキューバ人にビザを支給することに合意した[20]。1995年、米国はキューバ人が米国領土に達した際は、亡命を認め、当事者はやがてキューバ難民地位調整法（1966年）によって永住権を得る権利を保証されるが、途中、海上で米国沿岸警備隊や国境警備隊に発見された場合は、キューバに強制送還するとした。これは「ウェットフット、ドライフット」政策と呼ばれる。

　21世紀に入ってからも、キューバ人の流れは増加し続けており、これまでのどの時期に押し寄せた移住者総数よりもその数は多くなっている。1999年から2009年の間だけで、30万人以上のキューバ人が永住権を取得している。

　大勢の移住者が米国へ押し寄せた第1期では、その圧倒的大多数が富裕層

であり、その後、第2期、第3期と進むにつれ、次第に貧困層の割合が増えていった。全米の半数以上のキューバ系は、1990年代以降にやってきた人びとである。キューバ系の社会的・経済的背景は時代とともに多様化し、後の時期になるほど、混血や黒人の割合が高くなっている。キューバに対する見方も、移住時期、出身階層、人種、現在の居住場所などによって大きく異なり、第1期の亡命者らがかつて共有していたような反キューバ、反カストロといった集団意識は弱まっている。

　全体的に、キューバ系はラティーノ集団のなかで肌の色の白い人が多いとされ、実際、自らを白人とするキューバ系は全体の8割以上を占める。他のラティーノ集団と比較すると、貧困率は19%でラティーノのなかでは低く[21]、全米平均の16%に近い数値となっている。大卒以上の割合は25%で、ラティーノ平均13%の2倍以上となっている。米国生まれのキューバ系に関しては、39%が大卒以上の学歴をもち、非ラティーノ白人の平均30%を超えている。教育への関心が高いことは、キューバ系に関するステレオタイプとしてよく知られる。平均年収は2万4,400ドルで、ラティーノ平均の2万ドルよりは高く、全米平均2万9,000ドルよりは低い（2010年度）[22]。

5　マイアミのキューバ系

　フロリダ州南部には、メキシコとカリブ海を含む中南米のさまざまな国・地域出身の人やその子孫が大勢いる。現在、フロリダ州全体で、ラティーノ人口は増加し続けている[23]。なかでも、約250万人の人口を抱えるマイアミ・デイド郡はラティーノ人口が多いことで知られ、その割合は全体の65%となっている。ラティーノ全体のなかで、キューバ系は最も多く、ラティーノ集団全体の35%を占めている[24]。マイアミ・デイド郡には、全米のキューバ系人口の48%が居住しているが、とくに、マイアミ市やハイアリーア市にキューバ系が集中している。

これらの地域は、1960年代までは圧倒的に非ラティーノ白人が多く住む場所だったが、それ以降、キューバ系をはじめ、大勢の中南米系の移民が押し寄せる場所となっている。キューバ系以外には、コロンビア系、プエルトリコ系、ニカラグア系、ホンジュラス系、ベネズエラ系、ドミニカ系などがフロリダ州南部に多く流入している。新しいラティーノたちの急増で、キューバ系の人口割合は減少傾向にある。また、キューバ系を含むラティーノ人口が増加するにつれ、非ラティーノ白人が他の場所へ転居する傾向がみられる。

　大きなラティーノ人口を抱えるマイアミは、「ラテンアメリカの首都」として知られる。市場としての魅力に加えて、南北アメリカのほぼ中央に位置するという地理的な利便性から[25]、ラティーノたちによる、ラティーノたちに向けたさまざまな形態のビジネスが発達している。この地のラティーノによるビジネスのうち、4分の3はキューバ系が所有している。

　20世紀前半まで、マイアミは経済基盤の弱い場所だった。当時のキューバ人にとっても、マイアミは好んで移住先に選ぶような場所ではなかった。米国資本家やキューバの富裕層が大がかりなビジネスをマイアミで手がけるようになるのは、20世紀に入ってからである。マイアミの開発は、まず、マイアミとキーウエスト間の鉄道網の延長、高速道路の整備、ハバナまでのフェリー航路の開設などに始まった。ハバナ、キーウエスト、マイアミの3つの地点を結ぶ交通網の発達は、フロリダ州南部の経済発展に必須であった。1900年には2,000人にも満たなかったマイアミの人口は、1920年には約3万人に達していた。また、1920年代には、投資家たちが北東部の州に比較して、不動産バブル[26]やギャンブルに関する規制がフロリダ州では緩いことに目をつけ、ホテル、娯楽場、住宅などの建設を進め、商業的興行をこの地にもたらした。

　1959年以降、この地はフィデル・カストロ[27]から逃れたキューバの富裕層が集中する場所になり、キューバ系のコミュニティが形成されていく。絶え間ないキューバ人の流入によって、マイアミを中心とするフロリダ州南部は、キューバ系の巨大なコミュニティのある場所として全米に知られるよう

になる。

1980年代半ばまでには、マイアミ、ハイアリーア、ウエストマイアミなどでキューバ系市長が誕生した。1989年には、イリアナ・ロス・レイティネン[28]が初のキューバ系アメリカ人国会議員となった。また、1990年代前半には、フロリダ州議会にデイド郡（現、マイアミ－デイド郡）から7人のキューバ系下院議員、3人の上院議員が選出されている。他の移民集団と比較すると、キューバ系は第1世代で米国の政界にデビューする人が多い。マイアミにキューバ系が集中しており、確固たる政治的・経済的基盤があることや、米国の政治を揺るがすほどの影響力をもつキューバ系組織が存在していることなどがその背景にある。米国社会の商業、金融業、政界などにおけるキューバ系の進出と活躍は、他のラティーノ集団と比べて非常に際立っている。金融関係、建築関係、メディア関係などにキューバ系企業が多い[29]。

初期の亡命キューバ人は、移住前からの社会的地位、人的ネットワーク、財力をうまく利用しながら、また、米国側からの手厚い支援のもと、米国での新しい生活を始めた。この時代に築き上げられたコミュニティとして有名なのは、マイアミ市を代表するキューバ系コミュニティ「リトルハバナ」である。ここは、マイアミのキューバ系にとっての社会的・文化的中心地であり、この場所から発せられるキューバ系たちの意見は、全米キューバ系を代表するものとされてきた。

1961年、ケネディ政権（民主党）がピッグス湾事件[30]（これは米国側の表現で、キューバでは「プラジャ・ヒロン湾侵攻」）で失敗した際に、コミュニティ全体が反ケネディ、反民主党を掲げ、多くの住民たちが共和党支持者となった[31]。

2000年には、前年の年末に亡命の途中でボートが転覆し、母親を亡くしたエリアン・ゴンサレス君（当時6歳）の親権をめぐって、エリアン君の引き渡しを要求したキューバの父親と、それを拒んだマイアミの親戚との間に騒動が起こった（エリアン・ゴンサレス君事件）。やがてキューバ政府と在米キューバ系がそれぞれの背後で支援をし始め、外交問題にまで発展した。結

局、米国政府はエリアン君の引き渡しを親族に指示したが、この時のクリントン政権や民主党は、在米キューバ系コミュニティから強く非難された[32]。ここでも再び、在米キューバ系と民主党が対立することになった。また、キューバに対する経済制裁の緩和や、大きな移住者の流れを作りだす原因をもたらしたとされる政権が主に民主党であったことも、キューバ系の間に共和党支持者が多い理由である。

　キューバ革命直後に亡命してきた人びとによって形成されたキューバ系コミュニティの存在は、その後やってきた経済的に豊かではないキューバ系たちにとっても都合よく働いた側面がある。コミュニティでは、キューバの食料品や生活物資の購入に始まり、子の教育、永住権や市民権獲得についての情報などが簡単に入手できるのである。そして何よりも、教育歴やスキルに乏しい新参者たちに多くの雇用先を与えてきたのは、古くからこの地に居住してきたキューバ系であった。これまでキューバ系のビジネスオーナーたちは、優先的に同じキューバ人/系を雇用してきた。コミュニティのなかでの仕事は外の仕事に比べ低賃金ではあるが、新参のキューバ人にとって手早く職を確保することは何よりも重要なことである。

　キューバ系人口の多様化が進むなかで、居住場所についても人種や社会階層による住み分けが明確になっている。たとえば、マイアミ周辺の郊外には白人キューバ系が拡散して居住しているが、黒人キューバ系の割合は非常に少ない。その一方で、マイアミの街中には黒人キューバ系が集中して居住する地区がある。明らかに、黒人キューバ系と白人キューバ系の間には社会的・経済的な格差がみられる。

　これまで米国のキューバ系といえば、反カストロ、共和党支持者、ラティーノのなかでは比較的裕福な層が多いなどのステレオタイプがあった。しかし、1980年以降から流入しつづけている富裕層ではない移住者の増加や、他のラティーノらとともに生活し、米国の教育を受けている世代が多くなったことで、明らかにそうしたイメージに合致しない人の割合は増えている。およそ1970年までのキューバ系による反キューバの姿勢に対して、新しい

世代から辛辣に批判されることも多くなってきている。

　キューバ系をはじめ、ラティーノたちが増加した地域から、非ラティーノ白人人口の流出が進んでいる。これまでたびたび、ラティーノと非ラティーノの間では、全米中で注目されるほどの対立が生じてきた。1960年代から急増し続けるラティーノ人口とその社会的・文化的影響力の拡大は、古くからの住人であった白人にとっては脅威に他ならなかった。1980年代のマリエリートたちの流入以降、白人住人たちの流出はさらに勢いづいた。ラティーノに向かう反感は、英語のみを公用語にしようとする動き（つまり、この場合、スペイン語を排除することを意味した）に最もよく表れている。1980年には、住民投票によって反バイリンガル条例が制定された。マイアミ市およびデイド郡（現、マイアミ-デイド郡）を含む郊外では、公共の場で英語以外の言語を使用することが禁じられ、その他にも、「米国文化」以外の文化振興の禁止、郡の会議、公聴会、出版についても、使用言語を英語のみとした条例である。しかし結局、この条例によって人びとの生活はひどく混乱し、また、ラティーノ人口がさらに増加したため、1993年にこの条例は廃止された。

6　米国社会への影響

　米国のキューバ系のなかには、強力な財閥や政治組織があり、米国政府に影響を及ぼすほどの富裕層がいる。彼らは、革命後のキューバ政権の打倒を目的に、多額の政治献金、ロビー活動、政治的圧力をもたらす組織を支えてきた。なかでもよく知られているのは、反カストロ団体、全国キューバ系アメリカ人財団（CANF。1981年、フロリダ州で設立）であろう。同財団は、CIAの支援を受け、キューバ政府を挫くために、これまで活動を行ってきた。こうした反キューバ組織は他にもあるが、大票田を抱えるこれらの組織の支持を得るか否かでフロリダ州での選挙戦の行く末が決定するといわれてき

た。しかし、現在は、キューバ革命時の亡命者世代の減少やキューバ系集団に占める富裕層の割合が少なくなったことを主な要因として、以前と比較してその影響力は弱くなってきている。

とはいえ、富裕層やアッパーミドルクラス層を中心として結束してきたキューバ系の団体は、今でも確かに米国社会全体において、かなり強い政治的影響力を持っている。共和党は、これまで民主党に比べてキューバ政府に強硬な態度を示すことが多かった。少なくなっているといわれるものの、ラティーノ全体でみると、キューバ系のなかに、共和党支持者の割合は高い。これは、民主党支持者が多いラティーノのなかにおいて、キューバ系の際立った特徴とされてきた。

しかし、先にも述べたように、フロリダ州のキューバ系コミュニティのなかでも世代が進んだことで、かつて反キューバ、反カストロで作り上げた共同体意識は少しずつ崩れ始めている。現実に、フロリダ州南部のキューバ系のなかに、少しずつ民主党支持者が増加しており、フロリダ州以外ではさらにその増加に勢いがみられる。また、他のラティーノ集団がキューバ系のコミュニティに流入していることで、非キューバ系ラティーノたちの声がキューバ系コミュニティとされてきた場所においても影響力をもつようになっている。フロリダ州南部においてさえも、キューバ系コミュニティを代表する意見を1つ提示することは困難になっている。

キューバ系の新旧の世代間に、価値観の違いからくる不和が生じている。米国に移住したキューバ人のなかには、マイアミのキューバ系社会に馴染めず、再びキューバに戻る人も少なからずいるほどである。

かつて強硬だった反カストロの態度も、全米のキューバ系社会全体でみると穏健になってきている。若い人のなかには無党派層も多く、自らがキューバ系であるとあまり意識しないという人も増えている。

キューバでも、ラウル・カストロはさまざまな改革を行っている。ラウルの口から米国のオバマ政権に対する好意的な発言が聞かれることすらある。自営や農地利用に関する新しい法律が施行され、観光客相手に自営でビジネ

スを始めたり、物々交換により生活必需品を手にいれることも今まで以上に広まってきている。国民の間で、新しい小規模なビジネスに向けた意欲が高まっており、米国にいる友人や親族に帰国を促す人も多い。バラク・オバマ米国大統領も、経済制裁は継続すると言及しているが、これまでのところキューバ政府に対して緩和的な姿勢を示している。2009年には、キューバ系に関するキューバへの渡航制限および送金制限を撤廃し、キューバ通信事業における米国企業の参入を認可した[33]。さらに、2013年1月には、キューバ政府が海外渡航を自由化した。

過去10年間で約33万人のキューバ人が米国に移住している。近年の移住者の増加は目覚ましい。今後ますますキューバと米国にいる人、モノ、情報の双方向の流通は激しくなり、キューバ系コミュニティの人びとの両国への想いは多様化していくだろう。

【キューバ系基本データ】……………………………………………………………
☆キューバ系とは、カリブ海キューバ共和国から来た人、および、その子孫のことである。
☆キューバ系は米国ラティーノ人口のなかで4番目に大きな集団であり、全体の3.6％を占める（2011年時点）。
☆現在は、およそ200万人が米国に居住しているとみられる。2010年度の調査では、人口約190万人となり、前回2000年度の調査から44％、約60万人増加した。
☆キューバ難民地位調整法（1966年）により、1959年1月1日以降、米国に少なくとも1年滞在した人は永住権を取得する資格を持つ。
☆キューバ系人口は、フロリダ州南部、とくにマイアミに集中している。
☆米国のキューバ系約6割が外国生まれ（ラティーノ全体では約37％）。キューバから移住した人のうち、約半数が1990年以降にやってきている。
☆キューバ系の半数以上は市民権を持つ。
☆大卒以上の学歴をもつ人は全体の25％となっており、ラティーノ全体の平均13％よりも高い（全米平均は29％）。
☆平均年収は2万4,400ドルで、ラティーノ平均の2万ドルよりも高い（全米平

均は2万9,000ドル)。

☆貧困率は約19％で、全米平均16％よりは高いが、ラティーノ全体の平均26％よりは低い。

☆キューバ系人口において、キューバ革命直前および直後にやってきた1950年代後半、1960年代の亡命者が占める割合が低下している。そのため、反キューバ政権に固執する古い世代に対して批判的な意見をもつ新しい世代が増加している。

....

【注】
1）その数年後には、ハイチもキューバの人口を超すと推測される。
2）1756年から1763年まで、プロイセンのフリードリヒ大王とオーストリアのマリア＝テレジアとの間で起こった、シュレジエンの領有をめぐり始まった戦争であった。フランスとロシアがオーストリア側、英国がプロイセン側についた。インド、カナダ、カリブ海など海外植民地も巻き込まれていった。この戦争により、英国は世界にその経済力を見せつけた。
3）1513年に最初の奴隷が連行されたとみられる。
4）日系人は、1916年から1920年代半ばごろまで、他国を経てキューバに渡った。多くの場合、さとうきび栽培など農業に従事した。第2次世界大戦中、日系人は「敵性外国人」とされ、米国の収容所に送還された。キューバ革命が起こると、大勢が日本に帰国した。現在、約1,100人の日系人がいる。
5）19世紀半ばから、主に中国から、安い賃金で働く労働者が大勢キューバにやってくるようになる。彼らは「クーリー」（蔑称）と呼ばれた。奴隷の反乱が頻発するようになると、中国人労働者がより好まれるようになっていった。
6）1878年に、スペイン軍によって鎮圧された。
7）スペイン支配下にあったキューバの独立に生涯をかけた人物。キューバを代表する英雄。スペインへの追放にはじまり、フランス、米国、メキシコに亡命していた。詩人、文芸評論家、作家、ジャーナリスト、教育者などとして、さまざまな分野で活動した。民主主義や社会的平等を強く訴え、当時、多くのキューバ人が抱いていた米国へのあこがれやキューバでの黒人差別についても批判的に論じた。
8）プラット修正条項に米国の軍事的介入・支援に関する条項が含まれており、そのなかで基地使用の許可について記されている。1934年にプラット修正条約は撤廃されるが、新しく恒久条約（5月条約）が結ばれ、グアンタナモ基地の保有を認める条項が残された。キューバ革命後、キューバ政府はこの条項が非合法であるとし、

認めていない。
9) 20世紀前半には、米国資本がキューバ国内の砂糖産業の約7割弱を占めるようになっていた。1901年、米国ユナイテッド・フルーツ社は1エーカーあたり1ドルでキューバ島東部の土地を貧しい農民から購入し、20万エーカー以上を手に入れている。当時、キューバ政権は米国の有力企業を保護していた。
10) キューバが本当に社会主義国かどうかについては、学術的な議論がある。
11) カーターおよびクリントン政権で、一時的あるいは部分的緩和を行った時期がある。現、オバマ政権も制裁緩和を進めている。
12) 国連総会で経済制裁の解除決議がこれまで20回以上も採択されている。
13) クリントン政権下で制定された。亡命キューバ人を含む米国市民が（キューバ政府に接収された財産に対して）米国で損害賠償を請求する権利、またそれらの旧資産で取引を行っている第三国企業に対して損害賠償を請求する権利など、米国市民の財産保護を目的とする。キューバでの取り決め項目を含むことなどに関して、国内外から批判されている。
14) バティスタ失職直後に渡米した人びとはフィデル・カストロへの強い敵意を抱いていた。
15) 後にその証人も出てきている。
16) この時期にこの地から船で出航した人びとは「カマリオカ世代」と呼ばれる。
17) 結果的に、米国において重罪に相当する犯罪者は約1,780人とされた。「カストロがキューバで不要な人びとを米国に送った」、と米国では反カストロ気運がさらに高まった。米国が提示した犯罪者数、「精神疾患者」数にキューバは合意していない。
18) たとえば、1990年の米国国勢調査によると、1970年代のキューバ系移住者らの失業率は7％であるのに対して、マリエリートたちの間では11.2％、貧困率は1970年代の移住者が16％、マリエリートは26.9％となっている。
19) 結局、大部分は米国政府が受け入れた。
20) 以前から、米国政府の移民受け入れ政策におけるキューバの割り当て分として、年間2万人を受け入れると決められていたが、実際にはその1割以下のビザしか発行されていなかった。移民国籍法や難民規定との折り合いが悪く、2万人という数は現実的ではなかった。
21) ラティーノ全体平均は26％となっている（米国国勢調査局2011年度のアメリカンコミュニティサーベイ調べ）。
22) 米国国勢調査局2011年度のアメリカンコミュニティサーベイ調べ。
23) その一方で、非ラティーノ白人人口は減少し続けている。
24) 2012年の国勢調査局による推測。

25) 北米に5,300万人を超えるラティーノがいるといわれる。中南米系の企業にとって、カリブ海域を含むアメリカ大陸全土は最も重要な市場である。
26) 1926年マイアミを襲ったハリケーンによって不動産バブルは終焉を迎えた。大恐慌の時代となった1930年代もマイアミの経済は大打撃を受けた。
27) 1950年代には、カストロもマイアミで過ごしている。
28) 現在、米国議会の下院で最高齢の女性。選出時も、フロリダ州から選出された共和党初のヒスパニック女性下院議員であり、初の女性議員でもあった。
29) たとえば、インフラ整備、コミュニケーション、エネルギー開発、建設などを扱うマステック（MasTec）、不動産、建設、開発、投資など幅広い分野で展開するコディーナグループ（Codina Group）など。
30) CIA主導で組織された亡命キューバ人部隊による革命キューバ政権打倒を目指した戦い。
31) それ以降、フロリダ州のキューバ系は共和党にとっての大票田となった。打倒キューバ革命政権のもとで一致団結し、キューバ系は米国政府との緊密な関係を維持してきた。
32) ついに、ゴンサレス君はフロリダの親戚宅から強硬な手段で連れ出され、キューバに戻された。
33) その後、米国で米国国際開発庁の請負業者がキューバで逮捕された。また、キューバと関係の深いベネズエラの業者の参入などもあり、米国企業の参入は順調に進んでいるとはいえない。

コラム 5

日本に生きるラテンアメリカの人びと

　2012年4月15日未明、神奈川県川崎市のライブハウス、クラブチッタは、ジャンマルコが、アンデスの弦楽器、チャランゴで奏でるリズムとともに興奮も最高潮に達していた。ジャンマルコは、ロサンゼルスで毎年開催されるラテン・グラミー賞で、ベスト・シンガーソングライター・アルバム賞を受賞したこともあるペルーの誇るスターだ。しかし、彼の初の来日公演は、日本のメディアにはほとんど報道されず、日本のレコード会社のサポートもなかった。会場を埋める観客はほとんどがペルー人で、日本人の姿はほとんどみられない。郷愁をさそう、しかし力強いメロディーを、会場全体が一体となってスペイン語で歌いあげる。集まったさまざまな年代のペルーの人たちは、このとき、何を感じていたのだろうか。

　日本にブラジル、ペルーなど南米から、日系人が本格的に「デカセギ」に来るようになったのは、1990年の出入国管理及び難民認定法（略称「入管法」）の大改正にあたって、日系3世（日本国籍を保持している人の孫）やその配偶者、子どもなどに、日本に定住して就労することのできる在留資格が与えられるという内容の告示が出されたことがきっかけだった。日系人の受け入れは、表向きは、血統に基盤をおく同胞愛の見地から、日本人の子孫に里帰りや定住の便宜をはかったもの、と説明されていたものの、本音は、バブル経済に沸いていた日本社会が、製造業等で不足していた労働力を南米の日系人に求めることにあった。かつて、貧しかった日本から新天地を求めて南米に移住し、移民として各国に根を下ろしていた日本人の子孫やその家族が、経済の低迷に苦しんでいた南米各国から、こぞって日本にやってくるようになった。

　日系人人口の多いブラジル、ペルーを中心に、多くの人たちが、関東、東海、近畿等の工業地帯で、自動車、電機等の日本を代表するメーカーやその下請け、孫請けの工場のラインで働くようになった。ブラジル人や、ペルー人をはじめとするスペイン語圏の人々のコミュニティができ、ポルトガル語やスペイン語の新聞やフリーペーパーが創刊され、群馬県や愛知県などでは集住地域が形成され、南米の食材を扱う食料品店やレストラン、外国人学校などがつくられた。ジャン

マルコ日本公演のように、ラテン音楽やブラジル音楽の人気アーティストが、外国人コミュニティのプロモーターにより招聘され、時には日本人向けのメディアにはほとんど報道されないまま、素晴らしい演奏をして帰っていくことも、めずらしい出来事ではなくなった。
　2007年末の政府の統計によると、外国人登録者数215万2,973人のうち、ブラジル国籍の人が31万6,967人で、国籍・出身地域別の人数では中国、韓国・朝鮮に次ぐ3位、ペルー国籍の人は5万9,723人で5位、他の国籍も含めた南米出身者の合計は39万3,842人だった（なお、ここには、南米出身だが日本国籍を保持していた人や、来日後に帰化して日本国籍を取得した人は含まれていない）。
　私は、2001年から行政書士として、その後2008年からは弁護士として、ペルー、コロンビアなどスペイン語圏出身の人たちを中心に、日本に住む外国人の在留資格の手続きや訴訟などに関わってきた。当初、依頼者の多くは、不況にあえぐ母国から「デカセギ」として来日し、日本で結婚したり子どもをもうけた移民第1世代や、その子どもの「1.5」世代だった。いずれ母国に帰るのか、日本で生きていくのか、思いは人それぞれで、希望どおりになった人もいるが、ならなかった人もそれ以上にいる。
　もともとは「デカセギ」として、日本でお金をためたら母国に帰って暮らそうと考えていた人びとも、日本で暮らしているうちに、家庭を築き、子どもが日本で育っていく。しかし、日系人を正面から労働力として認めて導入したわけではなかった日本政府は、既にブラジル人、ペルー人等として母国の社会に根を下ろしていた彼らを、日本の地域住民として受け入れるための構想を持っていなかった。子どもたちの学校現場での受け入れ体制の不備や日本社会の偏見は、しばしば、不登校や不適応などの問題をもたらした（その後、関係者の努力により、状況が改善した面もある）。その一方で、日本の社会には、確実に、ラテンアメリカにルーツをもつ子どもたちが増えていった。私の仕事も、徐々に、日本とラテンアメリカの両方の文化やメンタリティーを身につけた、移民第2世代の依頼者が増えていった。
　日本経済の停滞、年々厳しくなる入管政策、南米各国の経済の回復などにより、2000年代の半ばころから、日本は、かつてのような短期間で母国では考えられないほどの高収入を得られる「デカセギ」の目的地ではなくなった。ブラジルやペルーから、新たに仕事を求めて来日する人は減っていったが、母国を長く離れ、日本で生活基盤を築いた人びとは、不況の下でも日本に残った。

2008年秋のリーマン・ショックに引き続く不況は、在日ブラジル人、在日ペルー人のコミュニティにも大きな打撃をもたらした。工場労働者として働いていた人たちが数多く失業した。日本政府が失業した日系人に帰国費用を給付する帰国支援事業を実施したこと、ブラジル経済が好調だったこともあり、特にブラジル人人口は大幅な減少に転じた。2013年6月末時点の統計では、在日ブラジル人は18万6,771人、在日ペルー人は4万9,142人、南米出身者の合計は25万105人と、2007年末と比較すると大幅に減っている。

　しかし、日本で育った移民第2世代、第3世代が中心となってきた日本におけるラテンアメリカ出身者のコミュニティが、今後、すぐに消滅してしまうということはないだろう。外国にルーツをもつ子どもの受け入れ体制が十分でなく、厳しい状況の中でも、高校、専門学校、大学等を卒業し、成人し、就職して、ラテンアメリカにルーツを持ちながらも、日本人と肩をならべて社会で活躍する若者が、今後、増えていくはずだ。それが、日本の社会に豊かな多様性をもたらすためには、何が必要なのか、考えてみるべきではないだろうか。

丸山由紀（弁護士）

第6章 ドミニカ系

1　はじめに

　ドミニカ系とは、ドミニカ共和国から来た人、および、その子孫である[1]。ドミニカ共和国は、キューバ島に次いで、カリブ海で2番目に大きな島、イスパニョーラ島の東側3分の2を占めている。九州に高知県を足したほどの面積だが、人口は1,127万人（2012年度時点）である。島の西側3分の1にはハイチ共和国がある。イスパニョーラ島はクリストファー・コロンブスにより「発見」された島である。現在の首都サントドミンゴは、「新大陸」初の都市となった[2]。アメリカ大陸部初の病院、大聖堂、裁判所、学校、修道院などがあった場所には、欧米から多くの観光客が訪れる。ドミニカ共和国はカリブ海のなかでももっとも人気の高い観光地の1つである。

　コロンブスがやってくるまで、島には先住民、主にアラワク系タイノ族が住んでいた[3]。当初、タイノ族はスペインからの入植者を歓待し、さまざまなものを分け与えたという。しかし、入植者らは島に金脈が在ることを知ると、たちまち先住民を征服した。抵抗した先住民もいたが、圧倒的な軍事力によって制圧されてしまう。ついに、島はスペイン人の支配下に置かれ、奴隷化された先住民は採掘などの厳しい労働を強いられた。その間、交戦、過労、自殺、またヨーロッパからもちこまれた病気によって大勢が死亡した。

16世紀半ばまでに先住民は絶滅してしまう。

　1510年代に金鉱が枯れると、代わりにさとうきびプランテーションが島に導入された。この時、スペイン王室は、イスパニョーラ島でのプランテーション事業に投資するものを募り、融資した。すでに砂糖を生産していたカナリー諸島から職人が島に移住し、イスパニョーラ島で砂糖作りの技術を伝達した。16世紀の間、イスパニョーラ島はアメリカ大陸からヨーロッパへもっとも多くの砂糖を輸出した場所であった。さとうきび畑での作業には、多くの労働力が必要であるが、もはや人口が少ない先住民では十分でなかったため、入植者らはアフリカから奴隷を輸入した。プランテーションがこの地で根付いていく過程で、黒人と混血が高い割合を占める社会が形成されていった。しかし、人種構成が変化した後も、極少数のエリートが黒人、混血、新しい移住者らを厳しく統制した。

　16世紀後半、イスパニョーラ島の砂糖生産が落ち込むと、ヨーロッパで戦争が続き、国力が衰退していたスペインは、島の西部の管理を弱めていく。島の西部には、そもそもフランス人や海賊が多く出入りしていた。次第に、その地にはフランス人に加え、ドイツ人、英国人、ポルトガル人らも出入りするようになり、密輸の中心地になっていく。17世紀後半、フランスは島西部の領有権を主張し、ついに1697年、ライスワイク条約によってその権利が認められ、仏領サン＝ドマング（フランス語でサントドミンゴ）が誕生した。以後、仏領では、さとうきびプランテーションが主要産業になっていくが、スペイン領では、牧畜業や小規模な農業が主流となっていった。

　18世紀末になると、仏領サン＝ドマングで奴隷の反乱が相次ぎ、ついに1804年、世界初の黒人共和国、ハイチ共和国が誕生する。隣国や中南米における独立運動の影響を受け、イスパニョーラ島東側も1821年にスペインから独立する。しかし、その直後、ハイチ軍が侵攻し、20年間占領した。ドミニカ共和国は1844年、ハイチから独立して誕生した。

　独立後、軍人出身の政治家ペドロ・サンタナとブエナベントゥーラ・バエスが約45年間、国を統治した。しかし1861年に国家財政が破綻すると、政

府はハイチの侵攻を恐れ、スペインに身売りを申し出て、ドミニカ共和国は併合された。ところがその後、スペインの統治に米国が介入し、1865年、スペインから独立する。そして、再び国家財政は悪化する。こうした政情不安が長く続き、その間、ドミニカ共和国は次第に欧米への依存を高めていった。結果として、ドミニカ共和国において、欧米の資本家は実質的な政治・経済の権力を握った。

　1882年にウリセス・エロー将軍の政権が樹立し、独立以来初の経済発展が起こる。しかし、対外依存が増大し、やがて債務支払い不履行という結果に終わる。エローが暗殺された後、無政府状態が長く続き、米国が介入してくる。セオドア・ルーズベルト米国大統領はモンロー宣言を拡大解釈し、西半球諸国における政治干渉の必要性を正当化した。米国の強硬な態度に、ドミニカ共和国の政治や経済は疲弊し、国民の間で反米感情が高まった。1916年には反乱が起こるが、米国の海兵隊がすばやく乗り込み、反乱を鎮圧する。ドミニカ共和国は1916年から1924年まで米国に占領された。この占領時に、ドミニカ国軍は解体され、代わりに米軍の指導下で、ドミニカ国警隊が組織された。そうすることで、米国にとってドミニカ共和国の内政を監視しやすくしたのである。このドミニカ国警隊のなかに、後に独裁者となるラファエル・レオニダス・トルヒージョがいた。

　ドミニカ共和国は、古くから、砂糖に始まり、カカオ、コーヒー、タバコを中心とする農業国だったが、近年では、インフラ整備が進み、観光業やテレコミュニケーション関連部門が主要な産業となっている。また、「フリーゾーン（自由貿易地域）」からの輸出や、米国を主とする出稼ぎ労働者からの送金は重要な外貨獲得手段になっている。米国へ出稼ぎにいった人からの送金は、年平均約30億ドルに達し、観光業に次ぐ金額となっている。しかし、現在、米国の景気に大きく左右されるこれらの産業や財源が国家経済の支柱になっていることについて懸念されている。実際、9.11テロ事件、サブプライムショック、世界金融危機が起こった際には、観光収入や海外からの送金額が大きく落ち込み、国家は深刻な経済的打撃を受けた。

国内の失業率は常態的に高く、2000年以降、15％から20％の間を彷徨っている。とくに1980年代後半以降、農業部門で高度技術の導入が始まると、地方で農業に従事していた多くの人びとが職を失い、都市部への移住を迫られた。短い期間に、都市部に地方からの人が流入し、スラムが過密な状態になり、生活環境が悪化した。地方で農業を営んでいた人が都市部で仕事をみつけることは難しく、生活が移住前よりも厳しいものになった人も多かった。

　近年、新しい経済部門の発展が目覚ましいドミニカ共和国だが、社会の内部に目を向けると、富める者はますます富み、貧しき者はますます貧しくなっており、国民の所得格差は広がっている。

2　米国への移住

　ドミニカ人の米国への流れは、大きく2つの時期に分けられる。これまでの移住者の大半は1960年代以降にやってきた。

　第1の時期は、1892年から1924年である。この時期の移住者は約5,000人で、数はそれほど多くない[4]。米西戦争、1905年の米国の占領、第1次世界大戦、1920年代の砂糖の輸出量増大、そして1916年から1924年までの米国の占領などを機に、移住が進んだ。彼らは、当時、移民管理局のあったニューヨーク市のエリス島を経由して入国した。若い独身男性が多く、職能や専門的知識をもつ人の割合が比較的高かった。また、人種的には黒人や混血が大多数であった。彼らの多くは、ニューヨーク市マンハッタン島の東部に居住していた。

　第2の時期は、1960年代に始まり、現在も続いている。この時期は、以前とは比較にならないほど規模が大きい。トルヒージョ独裁政権が終わった後、民主化運動が起こり、左翼や革新派の動きも活発化するが、旧勢力がこれらの政治活動を徹底して弾圧していく。多数の死者、逮捕者、行方不明者が出ると、米国への人の流れが始まった。そのため、1960年代後半以降から1970

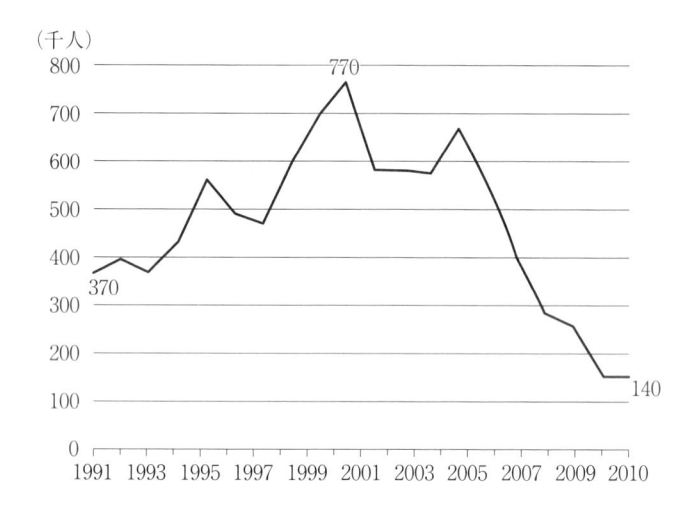

```
(千人)
800
              770
700
600
500
400
   370
300
200
100                              140
  0
   1991 1993 1995 1997 1999 2001 2003 2005 2007 2009 2010
```

図6-1　入国許可されたドミニカ共和国からの移住者（1960〜2008年）
（出典：Annual Reports of the Immigration and Naturalization Services, Department of Justice, 1961-1978; Statistical Yearbook of the Immigration and Naturalization Service, Department of Justice, 1979-2003; Yearbook of Immigration Statistics, Office of Immigration Statistics, Homeland Security, 2004-2008）

年代前半まで、急進派の政治活動家やリーダーを含む、政治的な理由による移住者が多かった。また、1965年に改正された移民法の「家族の呼び寄せ」を適用して、米国にいる家族を頼りに移住するドミニカ人も増えた。1960年代を通しては、商人を含む比較的裕福な保守層が多かった。

1970年代前半になると、地方から出てきた農民や識字のない人の割合が増えた。そして、1970年代後半から1980年代初期にかけては、比較的高学歴の都市部出身のミドルクラス層の割合が多くなり、1990年代以降になると、出身地、社会階層、教育経年ともに、特定の層が多いという傾向はなくなり、あらゆる社会的属性をもつ多様な人びとが移住してくるようになった。1980年代から1990年代にかけて、移住者の数はそれまででもっとも急増した。1990年代後半に流入のピークはひとまず終わった。しかし、2000年代に入ってからも人の流れは続いている。

現在、ドミニカ系の人口増加の4分の3以上は自然増加によるものである。

2000年から2007年の間、米国のドミニカ系人口は約16％増加した。この間、全米の人口増加は7.2％であるから、ドミニカ系人口の増加率の大きさがわかる。全米でドミニカ系2世や3世が急増している。

2010年度の国勢調査によると、全米のドミニカ系は約150万人であるが、非合法で入国する人の数が非常に多いため、実際の数はさらに大きい。1961年から1986年までの間だけでも、非合法に40万人以上が入国していると推測されている。

ドミニカ系集団は、北東部の州に集中しており、ニューヨーク市やその近郊に全体の半数近くが居住している。かつては、8割近くがニューヨーク大都市圏に住んでいたが、ここ10年で多くの人びとが他の場所へ転居している。これは市内で家賃や物価が高騰したことや、コミュニティが過密化し生活の質が落ちたことによる。新しい転居先として選ばれているのは、ニューヨーク市近郊ではニューヨーク州のハーバーストロー、ニュージャージー州のユニオン・シティやパターソン、また、フロリダ州のマイアミ、オーランド、タンパ、マサチューセッツ州のローレンスやボストン、ロードアイランド州のプロビデンス、ペンシルバニア州のフィラデルフィアなどである[5]。これらの場所はプエルトリコ系をはじめ、ラティーノが多く住む地域である。これまであまりドミニカ系が居住していなかったテキサス州、イリノイ州、メリーランド州などへ転居する人も増えている。全体としては、都市型の居住傾向があるが、世代が進むにつれ、よりよい暮らしを求めて地方に移り住む人の割合は今後増えていくとみられる。

ドミニカ人の移住先として、もう1つ重要な場所がある。プエルトリコである。2010年度の国勢調査によると、プエルトリコに居住するドミニカ人の数は6万8,036人となっている。しかし、地理的に近いプエルトリコへは、小型の舟に乗って渡る非合法入国が多い。距離は遠くないが、海流が荒く、サメの多い海峡を渡るため、渡航途中で多くの遭難事故が起きている。米国の沿岸警備隊や国境警備隊に拘束されるドミニカ人は、1990年代のピーク時には年間1万5,000人以上に及んだ。

プエルトリコ在住のドミニカ系は、全体的には1世が多い。プエルトリコ島におけるドミニカ系に対する差別は深刻であり、居住や労働の面で不利な環境に置かれている。小さいプエルトリコ島のインフラが十分でない場所にドミニカ系が集中して居住しており、低賃金の仕事に従事している人が多い。プエルトリコのドミニカ系は、大陸部に住むドミニカ系に比べ、プエルトリコや米国文化に同化している。プエルトリコで生まれた2世の間では、プエルトリコ人と結婚する人も多い。プエルトリコへの移住を経て、大陸部へ再び移住する人も少なくない。

ドミニカ系の大規模な移住が始まって以来、大陸部では大勢が製造業で働いてきた。しかし、脱工業化で工場が市内から姿を消していくと、多くの失業者が出た。現在は、機械操作や物品の運搬などに従事する作業員、あるいは、ホテルやレストランなどで働くドミニカ系が多い。ニューヨーク市など大きなドミニカ系コミュニティがある場所では、小規模のドミニカ系による商店で多くの人が雇用されている。なかでも、ドミニカ系レストランやタクシー会社、美容院、露天商、「ボデガ」と呼ばれる食料雑貨店などで働く人の割合が高い。

3　移住の背景

本格的な移住が始まるのは1960年代である。ドミニカ共和国では、1930年から独裁者トルヒージョが海外渡航を厳しく規制していた[6]。1961年に彼が暗殺されると、国内では民主化の動きが活発化する。作家としても名高いフアン・ボッシュはトルヒージョの死後、母国の民主化のために亡命先から戻り、選挙により1963年、大統領に就任する。しかし、軍事クーデターが起こり、彼の政権はわずか7か月間で終わってしまう[7]。その後、ボッシュ派（立憲派）と軍事評議会の戦いが始まり、内戦が引き起こされた。ボッシュや後継者らは、左翼的な政策を進め、キューバのカストロ政権と良好な

関係を保とうと試みるが、リンドン・ジョンソン米国大統領はドミニカ共和国を「共産主義の脅威から保護する」とし、海兵隊を投入した。

　トルヒージョの部下、親族、保守派などの旧勢力は、民主化運動を徹底して武力で抑えつける。1960年代から1970年代半ばまで、左翼運動を起こしたり、ボッシュ政権を支持した多くの活動家や学生らはリンチされ、収監されたり、殺害されたりした。その数は、少なくとも5,000人を超えるとみられている。この時期、身の危険を感じた人びとはニューヨーク市やプエルトリコに移住した。革命後にカストロ政権を逃れ移住してきたキューバ系とは異なり、この時期に米国に移住したドミニカ系の難民申請が米国政府に認められることはほとんどなかった。

　1965年以降、ドミニカ共和国内では欧米の多国籍企業の進出が進んだ。極少数の外国資本家たちによる耕作地の占有は、全人口のうち、高い割合を占める農民たちの生活を不安定にした。1970年代に一作物経済から多角的経済へと移行した後、貧富の差は拡大し、地方の農民の失業率は高まる一方であった。1970年代半ば以降、砂糖価格の横ばいが続いたことで、政府は砂糖産業のほかに、製造業、鉱業、観光などにも力を入れはじめた。しかし、失業した農民が他の業種で仕事を見つけることはたやすくなかった。さらに、1987年にUS$ 1 = DR$3.85であった貨幣価値が1992年にはDR$12に下がったことにはじまり、国内に深刻なインフレが起こった。とくに、外貨を手に入れにくい地方の人びとの生活は困窮を極めた。1980年代以降、ドミニカ共和国の経済は徐々に危機的な状況となり、地方で失業した人が首都サントドミンゴや第2の都市サンチアゴへ流入した。その結果、都市部は急激に過密化し、劣悪な環境のスラム街が拡張するばかりとなった。そして地方出身者はそこから海外へ、とさらに移住していったのである。移住先は、ほとんどの場合、ニューヨーク市だった[8]。

　1980年代以降は、政治的な理由ではなく、経済的な理由で人びとは米国に来るようになった。本国で安定した職に就けない、よりよい賃金を得たい、子どもによい教育を受けさせたい[9]という理由が主なものとして挙げられ

る。1980年代から1990年代後半までは、かつて例をみないほど移住者数が増えた。1980年代に、合法的に入国したドミニカ人の数だけでも25万人以上を数える。1990年度の国勢調査によると、米国のドミニカ系は50万6,000人で、その大多数がドミニカ共和国生まれである。

　米国への移住の歴史において、ドミニカ系集団は新しく、その存在が全国的に知られるようになったのもそれほど前のことではない。そのため、ドミニカ系集団についての偏見や誤解が多く見受けられる。なかでも、北東部の州を中心に、ドミニカ系移民を「貧しい」「教育を受けたことがない」とするステレオタイプがあるが、急激な人口増加がみられた1980年代においても、移民集団全体のなかで、ドミニカ系の教育経年数はそれほど低いわけではない。

　1981年から1991年に米国に入国したドミニカ人のなかからは、1万5,000人が専門職に就いている。しかし、1990年代後半になると、先に述べたように、ドミニカ共和国の都市部からやってくる地方出身の貧困層の割合が高くなり、米国でも経済的に厳しい生活を強いられる人が非常に多くなった。非熟練、低賃金のサービス業に就くドミニカ人/系は全体をみると多いが、管理職や専門職に就く人も増加傾向にある。

4　トランスナショナル

　ドミニカ系は、ドミニカ共和国と米国を頻繁に行き来する[10]。ドミニカ共和国に子や家族を残している人は、家族の誕生日やクリスマス、カトリックの聖週間[11]、ドミニカ共和国の母の日などの伝統的行事に合わせて、また、家族や友人が新しいビジネスを始める時などに、母国に帰国する。彼らが一斉に帰る時期になると、母国にいる人へのたくさんのプレゼントを詰めた大きな荷物を抱えたドミニカ系で空港はごった返す。ドミニカ共和国からも、米国にいる家族や友人を定期的に訪れる人が多く、友人同士で集まると、

誰かが必ずドミニカ共和国から訪問中の人を連れているということがよくある。ドミニカ人/系にとって、大切な人と頻繁に会うことはとても重要なこととされる。

　米国生まれのドミニカ系の子どもが、数年間母国の家族の元で生活しながら、現地の学校に通う実践は広くみられる。こうした習慣は、子どもをドミニカ文化に馴染ませ、「ドミニカ人らしい」スペイン語を学ばせたいという親の願いを表している。また、米国の成人ドミニカ系男性がドミニカ共和国を訪問する間に、積極的に「お嫁さん探し」をしたり、結婚相手の候補である女性を米国に呼び寄せ、特定のドミニカ系男性と会ったりする[12]。この実践では、両者の間を取り持つ仲人のような存在が重要な役割を果たす。

　米国生まれであろうが、ドミニカ共和国で話されているスペイン語やドミニカ文化をよく理解し、「ドミニカ人らしく」あることが大切と考えられている。そのため、結婚相手に関しても、ドミニカ人あるいはドミニカ系が好ましいとされる[13]。

　米国に数年間滞在した後、ドミニカ共和国にしばらく戻り、再び米国で暮らしたり、帰国後、別の家族がやってきて、それまで他のドミニカ人/系が住んでいた場所にそのまま住んだりするケースも多くみられる。米国にいながらにして、まるでドミニカ共和国にいるような生活を可能にするコミュニティがあるため、米国での生活は、ドミニカ共和国での生活に不安が生じた際に、比較的簡単に実行できる身近な選択肢となっている。これは逆に、いま米国にいるドミニカ系についても同じである。そのために、一度ドミニカ共和国に戻った後、再び帰ってくるという人が少なからずいるのである。人のつながりが大切にされており、たいていの場合、家族や友人誰かが必ず米国にいるドミニカ人/系にとって、再び米国で生活を始めることはそれほど金銭的な負担が大きいことではない。どちらの場所にいても、家族や友人が移住してきた人に居住空間や食事を分け与えたり、職探しを手伝ったりすることは当たり前とされている。

　ドミニカ共和国には、ニューヨーク市から戻ってきた人や、ニューヨー

市で働く家族をもつ人が多く住む地域がある。そこは、米国スタイルの店、住居、教育施設、商店、バー、ディスコなどに溢れている。町のなかには、ニューヨークを象徴する「自由の女神」や高層ビルの風景を描いたグラフィティが見かけられ、バスケットボールを楽しむプレイグランドがいくつもある。行き交う人びとの服装をみても、ニューヨークのドミニカ系が多く工場労働している米国ブランドのTシャツを着ている人が目立つ。そうした外見的な様子をみても明らかだが、こうした場所での生活は米国からの送金で成り立っている。

いま、ドミニカ共和国政府は観光業に力を入れているが、そこでは、かつて米国で居住した経験をもつ人が多く働いている。観光客をみても、ドミニカ系の占める割合が高い。

このように、移民集団が本国と密な関わりをもち、2国間あるいはそれ以上の複数の場所に生きていることを「トランスナショナル」という。ドミニカ系は、まさにこのトランスナショナルな傾向が顕著にみられる集団である。ドミニカ系に限らないが、「トランスナショナル」な傾向には、インターネットなどメディア技術の発達、低価格化した航空費、二重国籍の容認などの要因が関わっている。

トランスナショナルな集団の特徴をどのように捉えるかについて、集団内に議論がある。その特徴を、豊かな感性や文化がもたらされて良いとする見方がある一方で、そのトランスナショナルな特徴のために、米国社会で社会的・経済的に自立したコミュニティがうまく築けていないという見方を示す人もいる。後者の人は、米国に住むドミニカ系が「母国を向いて生活している」と批判する。その際に、思い出されるのは、母国の選挙で投票するためにわざわざ帰国までするドミニカ系が多いことである[14]。

2世、3世と世代が進むにつれ、トランスナショナルな特徴は薄れる傾向にある。米国生まれのため、ドミニカ共和国とのつながりが意識されなくなることはもちろんあるが、米国社会の変化もその要因である。かつてメキシコ系やプエルトリコ系など古くからの移住者たちは、主流社会に対して異議

申し立てを積極的に行ってきた。その背景には、社会における構造的な不平等や日常生活で直面する深刻な差別があった。こうした状況下で、彼らは自集団内での人とのつながりを強化し、コミュニティの社会・政治活動に積極的に参加してきた。そうすることで、主流社会に抵抗して、自らが抱える問題を改善する必要があったからである。

　しかし、ドミニカ系の移住のピークが始まったのは、彼らよりもずっと後のことで、反移民の世論や差別はいまも残るとはいえ、多文化的状況に対して寛容な人が彼らが多く住む都市部では増えている。そのような現状に生きる若い世代の間では、エスニック集団内部でさまざまな活動に参加し、主流社会に抵抗しなくてならないという士気が高まりにくくなっているのである。

5　ワシントンハイツ

　1960年代以前にニューヨーク市にやってきた初期の移住者の多くは、プエルトリコ系が多い場所として知られていたマンハッタン島のローワー・イーストサイドに居住していた。しかし、本格的な流れが始まった1960年代以降は、クィーンズ区やロングアイランドに定住する人が増えた。1960年代と1970年代は、以前の移住者に比べ、経済的に余裕のある人びとであった。同じ国出身であっても、出身階層の異なる人びとが流入するようになると、移住後に住む場所も、以前とは異なる場所が選ばれていく。ドミニカ系の場合もそうであった。

　ニューヨーク市のドミニカ系コミュニティとして、もっともよく知られているのは、マンハッタン区北部にあるワシントンハイツ・インウッド地区（以下、「ワシントンハイツ」と略する）である[15]。ニューヨーク市では、「マンハッタン島の北にドミニカ共和国がある」といわれるほどである。

　この地区は、とくに1980年代以降のドミニカ系の急増以来、ドミニカ系のコミュニティとして大きな成長を遂げてきた。数年前までは、全米でもっと

とも多くのドミニカ系人口を抱える場所であったが、現在、マンハッタン島の家賃や物価の高騰を主な理由に、大勢が近くのブロンクス区に流入している。そのため、今では、ブロンクス区南部と東部のドミニカ系人口を合わせると、ワシントンハイツを上回るようになった。しかし、依然、ワシントンハイツはドミニカ系の文化的・商業的活動がもっとも活発な場所である。

　ワシントンハイツは、元々、アイルランド系、ギリシア系、ユダヤ系、アルメニア系などが多い地区だった。しかし、ドミニカ系のニューヨーク市への大流入が始まった1960年代以降、徐々にこの地区にドミニカ系が住みはじめ、数の上で、他の集団を圧倒するようになっていった[16]。

　近年、非ラティーノ白人が増えているが、ドミニカ系との住み分けが進んでいる。ドミニカ系以外では、プエルトリコ系、キューバ系、メキシコ系、エクアドル系、サルバドル系などのラティーノも多い。彼らはドミニカ系と混住している。

　ワシントンハイツのアパートメントが立ち並ぶストリートには、折り畳み椅子や簡易テーブルを持ち出し、音楽を聴いたり、ドミノを楽しんでいる人びとの姿がある。早い午後の時間には、年配の人びとが多いが、夕刻になると、学校帰りの子どもたちや仕事を終えて帰宅する人びとの姿が見かけられる。商店街へ行くと、ドミニカ系のレストラン、洋服屋、美容院、ケーキ屋、送金サービス、ボデガ（食料雑貨店）、靴屋など小さな店構えの商店がひしめき合うように並び、スペイン語の表記が目立つ。売られているモノやサービスは、ドミニカ系顧客のテイストやニーズに合うものばかりである。ストリートに止まっている車や店先からは、ひっきりなしにビートの激しい音楽が聞こえてくる。メレンゲ、バチャータ、サルサ、レゲトン、ヒップホップなどバラエティに富むが、ドミニカ系かプエルトリコ系のアーティストによるものが多い。ワシントンハイツを歩くと、あらゆるストリート、アパートメント、あるいはすれ違う人が手持ちしている音楽プレーヤーから音楽が聞こえてくる。そして、その音楽に合わせて踊ったり、リズムにのっていたりする人びとの姿もよく見かけられる。週末やアパートの窓が開け放たれる時

期には、音楽やダンスに興じる人の大きな歓声があちらこちらから聞こえる。知らぬ間にワシントンハイツに足を踏み入れた外部者は、こうした音の風景をみて、「ここはドミニカ系バリオだ」と瞬時に知ることになる。

プエルトリコ系と同様に、ドミニカ系の間でも、ドミニカ系としてのアイデンティティだけではなく、多様なアイデンティティを求める動きが目立ってきている。たとえば、先住民タイノ族によるイスパニョーラ島の名称「キスケージャ」に因んで、男性は「キスケジャーノ」、女性は「キスケジャーナ」、同様に、ワシントンハイツも、「キスケージャハイツ」と呼ばれることが多くなってきている。レストラン、配送サービス、地区のイベントにも「キスケージャ」の名前が冠せられたものが多く見受けられる。また、ニューヨーク生まれであることを強調した「ドミニカンヨーク」という呼称もある（詳しくは後述する）。

ニューヨーク市には、ドミニカ人の流入とともに、さまざまなドミニカ系政治組織が設立されてきた。地区内で次々に登場するコミュニティの組織に集まるドミニカ系は、本国での出身地域によって分かれている場合が多い。1970年代以降、全体として、ドミニカ系の政治的左派の草の根運動がワシン

写真6−1　ワシントンハイツでドミニカ系の食卓に欠かせない野菜を売る露天商（撮影：筆者）

トンハイツで起きている。

　1987年には、アリアンサ・ドミニカーナ（直訳すると「ドミニカ同盟」）が組織され、現在にいたるまで、ドミニカ系コミュニティの政治的エンパワメントや、ドミニカ系が直面するさまざまな問題の解決を目標に活動している。なかでも、米国市民になるための情報、福祉関連の事務手続き補助、教育プログラムなどに、住民の活発な参加がみられる。アリアンサ・ドミニカーナの名前が知られるようになるのは、公立学校の改善を求めて、それまで代表のいなかったニューヨーク市の教育委員会に複数のドミニカ系を選出する手助けをしたことがきっかけとなった。1991年には、元教師のギジェルモ・リナレスがドミニカ系初のニューヨーク市議会議員となった。その際、ワシントンハイツのドミニカ系住民たちは一丸となって彼を応援した。ワシントンハイツには、他にも、ドミニカ系が多数働くNPOがあり、市政にドミニカ系の代表を送るため、住民の支持を求める集会を開いている。

　ワシントンハイツとブロンクス区以外にニューヨーク市でドミニカ系の多い地区は、ローワー・イーストサイドやクィーンズ区のコロナ周辺、また、近年増加している場所としてはスタテンアイランド区が挙げられる。

写真6－2　毎年8月にニューヨーク市で開催されるドミニカン・デイ・パレード（撮影：筆者）

6　ドミニカンヨーク

　ニューヨーク市で生まれた若い世代を中心に使用される「ドミニカンヨーク」という呼称がある。これは「ドミニカン・イン・ニューヨーク」から生まれた語である。「ドミニカンヨーク」と自らに対して使われるとき、その語には、ニューヨークに対する愛着と2世であることを強調するニュアンスが漂う。つまり、移民世代とは異なる経験をしているのだという主張が感じられる。しかしその一方、他者が誰かを「ドミニカンヨーク」と呼ぶ時、しばしば、そこには「ドミニカ文化を十分に理解していない」といった含みが感じられる。とくにドミニカ共和国にいる人や移民1世が使う際である。

　こうした違いは、ドミニカ文化の表象についてドミニカ系とドミニカ人が異なる意見をもっていることを反映しており、また、ドミニカ系コミュニティにおいて世代間の差が際立っていることを表している。まさにそれはドミニカ系のトランスナショナルな特徴によって浮き彫りになった。

　トランスナショナルな人の流れは、ドミニカ系とドミニカ人の盛んな交流をもたらした。それは、ある面、それぞれの場で培った文化が比較されるという状況を促してきた。その結果、ニューヨーク生まれのドミニカ系のスペイン語が「本物のドミニカ共和国のスペイン語ではない」という指摘がされたり、ニューヨークでドミニカ共和国の伝統音楽を演奏するミュージシャンの音楽が「本物ではない」と評価されたり、とドミニカ系にとっては反発したくなるような状況が起きている。とくに問題とされるのは、文化表象の場で、常にドミニカ人がドミニカ系に対して「本物ではない」と公言してしまう傾向である。ドミニカ人がより「正しく」ドミニカ文化を語り、表現するのだという前提がそこにはある。ニューヨーク生まれのドミニカ系はそうした考えに異議を申し立てる。とくに、ニューヨーク市のドミニカ系コミュニティで頻繁にドミニカ文化関係のイベントが開催されるようになった1980年代後半から、こうした、ドミニカ系とドミニカ人の見解の違いが明らかに

なった。ドミニカ系の生活には音楽・ダンスが欠かせないが、文化イベントでも音楽・ダンスのパフォーマンスがよく用いられている。ドミニカ共和国の伝統的な音楽・ダンスをニューヨーク生まれの人がパフォーマンスする際、パフォーマンスの質にあまり関係なく、ドミニカ共和国に居住していないことを理由に「本物ではない」と、ドミニカ人[17] 文化批評家や学者などから否定的な感想が聞こえてくるのである。

　これに対して、ニューヨーク市のドミニカ系NPOのリーダー、教育関係者、アーティストらは、ドミニカ人関係者を招いての集会を開催し、その本質主義的思考を批判し、文化は生活経験を通して多様に変わるものであり、ニューヨークのドミニカ系が発するドミニカ文化も「正しい」と意見を表明してきた。こうした議論は、ドミニカ系メディアで盛んに報道されてきた。そして、それはニューヨークの一般のドミニカ系（2世以降）にも知られるところとなり、多くの人びとはドミニカ人がもつ本質主義的意見に強く反発してきた。その影響下で、若い世代のなかから自らをドミニカンヨークと誇りをもって呼ぶ人が増えていった。

　ドミニカ共和国から来訪する人や移民1世とつきあうなかで、2世以降のドミニカ系は、さまざまな習慣や言語の違いを意識し、改めて自分がニューヨークで生まれ育っていることを再認識する。若いドミニカ系の場合、年配の世代と比較して、自由に使える時間が多く、エスニシティを超えた、さまざまな人との交流がある。そうした生活経験のなかで、親世代が強調するような、ドミニカ文化を常に優先するような価値観に対して違和感を覚える人も出てくる。ドミニカヨークという言葉が若い世代を中心に好まれて使われることにはこうした背景がある。

　現在、米国でドミニカ系のミドルクラス層が厚くなってきており、高い教育を受ける人が増えている。ニューヨーク市内に、全米でもっとも多くのドミニカ系学生を抱えるニューヨーク市立大学のホストス・コミュニティカレッジやシティ・カレッジがある。シティ・カレッジには全米初となったドミニカンスタディーズ研究所が設けられている。ここでは多くのドミニカン

ヨークたちが研究に励んでおり、ドミニカ社会や文化についての研究成果をコミュニティ内外に向けて発表している。

7　ドミニカ系の人種観

1980年度の米国国勢調査以降、「ヒスパニックであるかどうか」を尋ねた後、さらに人種を問う項目がある。国勢調査上の人種は本人により決定される。2010年度の国勢調査では、自らを「白人」とするドミニカ系は約30％、「黒人」約13％、「その他」46％となっている。しかし、興味深いのは、実際に、ドミニカ系コミュニティを歩くと、黒人が多いという印象をもつことである[18]。つまり、国勢調査上の「黒人」約13％という数字が極端に少ないように思われる。ひとまずこのことからは、人種認識が本人と他者でかなり異なるということが想定される。その理由として、主に２つ考えられる。まず１つめは、ドミニカ系が自らを黒人と認めたがらない傾向があること、２つめは、他のラティーノたちの場合も同様であるが、ドミニカ共和国における人種概念のなかに「混血」というカテゴリーがあり、多くの人がそのように自らを認識しているため、米国の調査で、「黒人ではない」と判断することである。ここで、１つめの理由、「自らを黒人だと認めたくない」ことについて説明しておきたい。この点は、ドミニカ系集団を理解するうえで非常に重要である。

ドミニカ共和国の隣国ハイチ共和国は、1804年、世界初の黒人共和国として独立し、世界中の黒人解放運動に影響を与えた。イスパニョーラ島を「約束の地」と信じた自由黒人が他のカリブ海島嶼や米国南部からも移住してきた。当時のスペイン領サントドミンゴにも、この時やってきた黒人が流入している。スペイン領のエリートたちは、隣国の黒人による革命の影響が、自らの領土内にいるアフリカ系に及ぶことを恐れた。そこで、自らの領土内の文化がスペインと深い関わりをもつことを強調し、同時に、アフリカの影響

が濃いハイチを「野蛮」「未開」として卑しめた。民衆はこのような経緯で作りだされた反ハイチ主義と呼ばれる差別観念によって、隣国やハイチ人に対して悪感情を持つように煽られてきた。さらに、1822年から1844年までのハイチによるサントドミンゴの侵略を経た後は、この侵略がハイチ人の「野蛮さ」を顕著に証明するものとされてきた。

　反ハイチ的な語りの普及にもっとも貢献したのは、独裁者トルヒージョである。彼は徹底した反ハイチ政策を執り、国内でハイチ人狩りを行った[19]。また、アフリカ的な文化活動を排除し、「ハイチ人＝黒人で野蛮」とする考え方をうまく人びとの間に浸透させていった。そして同時に、文化政策としてヒスパニック主義を掲げ、スペインをはじめヨーロッパの「洗練された」伝統がドミニカ文化の核である、と国民に信じ込ませた。独裁政権後も、トルヒージョの元側近であったホアキン・バラゲールが約22年間、1996年までの大部分にわたり政権を執り、ドミニカ文化がヨーロッパ文化の影響を多大に受けていると強調し続けた。未だにドミニカ人/系の間で、ハイチやハイチ人に対する差別感情は根強い。ドミニカ人/系にとってハイチ人は「黒人」と認識される。そのため、ドミニカ人が米国に移住した際、周囲から「黒人」と判断されることで、憤慨したり、傷ついたりする人が非常に多い。

　その一方で、ドミニカンヨークと自称する世代や米国生まれが増え、ハイチや「黒人」に対する悪感情は少しずつ弱まっている。しかし、新しい移民（ドミニカ人）とニューヨーク生まれ（ドミニカンヨーク）が出会う場で、自らの人種をどのように捉えるかについては、生活経験によって意見が大きく分かれる。今ではドミニカンヨークのなかに、「アフロドミニカ系」と名乗る人も増えてきている。こうした変化は、多くのドミニカ人/系に、これまで無自覚に使用してきた「黒人」という語について考えてみる機会を与えている。新しいアイデンティティは、同じく黒人とされる他のカリブ系やアフリカ系アメリカ人と、学校、職場、遊びの場で長い時間つきあっている若い世代のなかで、これからも創り出されていくだろう。

【ドミニカ系基本データ】

☆ドミニカ系とは、カリブ海のドミニカ共和国から来た人、および、その子孫のことである。

☆ドミニカ系は米国ラティーノ人口のなかで5番目に大きな集団であり、全体の約3％を占める（2011年時点）。しかし、非合法に入国する人の数は非常に多く、実際数はわからない。

☆米国国勢調査局によると、推定約150万人が米国に在住しているとされる。

☆全米ドミニカ系人口の約8割が北東部の州に居住している。また、全体の半数がニューヨーク州（主にニューヨーク市）に居住している。都市型居住だが、近年、地方に人口が分散している。

☆ドミニカ系人口の多い州は、ニューヨーク州、ニュージャージー州、コネチカット州、ロードアイランド州、フロリダ州などである。

☆米国からドミニカ共和国への送金額は、年間約30億ドルを超える。

☆60％近くの在米ドミニカ系が外国生まれ。ラティーノ全体の平均37％と比較すると非常に高い。

☆ドミニカ系の48％が米国市民権を得ている。

☆大卒以上の学歴をもつ人は、全体の約16％で、ラティーノ全体の平均13％よりは高い。

☆平均年収は2万ドルであり、ラティーノ全体の平均とほぼ同じである（全米平均は2万9,000ドル）。

☆貧困率は28％と非常に高い（全米平均16％、ラティーノ平均26％）。

【注】
1) カリブ海には、もう1つの「ドミニカ」がある。元英国領であったドミニカ国である。日本語では、どちらも「ドミニカ」と訳されることが多いので注意したい。ドミニカ国は英語を公用語とし、人口7万人弱を抱える。奄美大島ほどの大きさの国である。
2) 1990年に世界遺産に登録された。
3) その他、少数であったがシグアヨ族、マコリヘ族、カリブ族などもいたとされる。
4) ニューヨーク市立大学ドミニカンスタディーズ研究所が現在進めている調査により判明した。
5) マサチューセッツ州ローレンスおよびニュージャージー州パターソンでは、過去にドミニカ系が市長を務めている。
6) エリートや官僚と関係のある人は例外であった。
7) 彼はその後ふたたび亡命している。
8) ニューヨーク市以外では、ニュージャージー州、コネチカット州、ロードアイランド州、フロリダ州などが多かった。
9) 親が米国でお金を稼いで、母国にいる子どもに送金する場合もあれば、親子がともに米国に移住して、教育を受けることもある。
10) 非合法に米国に滞在している人を除く。
11) 枝の主日と呼ばれる、復活祭の1週間前の日曜日から復活祭の前日までの1週間。伝統的なカーニバルや文化イベントが行われる。
12) ドミニカ系女性がこのような手段で結婚相手を探すことは少ない。
13) ラティーノ全体では、他のエスニック集団の人と結婚する人が増えている。
14) ドミニカ共和国の各政党は、ニューヨーク市のドミニカ系コミュニティ、ワシントンハイツにオフィスを構え、政治活動を行っている。ドミニカ共和国の選挙であるにもかかわらず、ニューヨーク市や他のドミニカ系の多い地方にまで候補者は足を延ばして活動する。
15) ワシントンハイツに隣接したインウッドやハミルトン、ハーレムの一部も含めて、「ワシントンハイツ」と呼ばれることが多い。
16) 1990年代後半からは、メキシコ系、ロシア系、ウクライナ系などが急増した。
17) 一部、移民1世も含まれる。
18) もちろん、こうした認識は観察者の社会的背景によって大きく異なるだろう。これは、日本社会で生まれ育った筆者の感想である。
19) 1937年、トルヒージョは国内にいたハイチ人を少なくとも3万人以上殺害している。

コラム 6

ヒップホップとレゲトンがつなぐラティーノ若者の関係

　現在、ニューヨーク市の人口のうち、ラティーノは約3割を占める。もっとも多いのはプエルトリコ系で、次にドミニカ系となっている。1990年代以降、マンハッタン島に関しては、ドミニカ系人口がプエルトリコ系を上回っている。今やドミニカ系は、プエルトリコ系に並んで、ニューヨーク市を代表するラティーノとなっている。

　プエルトリコ系とドミニカ系は、あまり「仲がよくない」ことで知られるが、その一方で、ニューヨーク市で生まれ育った若い世代の間では、両者がともに楽しむ文化がある。ヒップホップとレゲトン[注]である。彼らは同じバリオに住み、同じ学校に通い、近所のストリートで日が暮れるまで遊ぶ。こうした経験の共有から、深い友人関係が生まれることもある。

　ニューヨーク市マンハッタン島北部、ハーレム地区、イーストハーレム地区、ワシントンハイツ地区、そしてハーレム川を隔ててサウスブロンクス区。これらの地域には、ドミニカ系、プエルトリコ系、アフリカ系アメリカ人、ジャマイカ系、その他カリブ系やラティーノが一緒に住んでいる。非常に多文化だが、白人からみたら、「黒人」と分類される人びとである。

　彼らの遊び場、サウスブロンクスを中心に、ヒップホップは1970年代に生まれたとされるが、その文化創造は、こうした多文化状況下にある若者たちなしにはありえなかった。そのことを、いまのバリオの若い住民たちもよく知っている。

　新しい移住者も集まる場所で、時間をもてあます若者たちは、他のエスニック集団の若者と反目し合うと同時に、実は、互いのエスニック文化に馴染んでもいく。それぞれの集団からもたらされた娯楽のスタイルが、他のエスニック集団の若者の間でも受け入れられ、少しずつスタイルや内容が変化していく。

　バリオの若い世代の間では、娯楽の中心にヒップホップやレゲトンがある。放課後、商業ベースのヒップホップやレゲトンを聴きながら踊ってみたり、リアーナやクリス・ブラウンなどの歌やファッションを友人との共通の話題にし、人との関係を作っていく。

　普段、友人との会話のなかでも、誰と踊りにいくか、どこのクラブがよいか、

と話しが盛り上がる。平日は、好きな音楽を聴いて、誰かの家やストリートでダンスの振りつけを練習する。そして、週末が来ると、流行の服装や髪型をして、クラブやパーティーへ出かけ、平日に練習したダンスの振りつけを人前で披露する。プエルトリコ系もドミニカ系も、幼少のころから、サルサ、メレンゲ、バチャータなどをいつも踊っているため、大勢のなかで踊ることに抵抗感が示されることはない。ダンスがある空間は、人との関係を深める場であり、新しい友人、ボーイフレンドやガールフレンドを探す出会いの場として、もっとも重要視される日常空間となっている。こうした場は、エスニシティを超えた人づきあいが深まる場でもある。

　バリオでドミニカ系とプエルトリコ系が出会い、同じ音楽やダンスを楽しむということから、人間関係ができていく。馴染みの場でともに歌い、踊り、声を掛け合うことで、仲間意識は急速に強まっていく。

　ヒップホップに並んで、レゲトン（現在、大人気となっているドミニカン・デンボウDem Bowも含む）は、とくにラティーノたちを中心に人気が高い。レゲトンは、1990年後半頃に、米国のヒップホップ、パナマのスペイン語レゲエ、プエルトリコの伝統音楽などスペイン語圏カリブ海地域の都市部を中心に、流行していた音楽を混成してできたものと考えられている。スペイン語圏カリブ海出身や米国ラティーノのアーティストが多く、スペイン語やスパングリッシュ（英語とスペイン語を混ぜ合わせた言語）が主な使用言語である。性的なニュアンスを非常に強く出しながら、男女ペアで踊るダンスは、その場に居合わせた、限られた仲間との親密性やセクシュアリティのダイナミズムを大いに感じさせる。ヒップホップダンスでは、他との身体接触なしに、個々に踊られる場合が多いが、バリオのレゲトンでは、まず踊る相手を探して、相手と呼吸を合わせながら身体を密着したまま踊る。サルサ、メレンゲ、バチャータなどのダンスに慣れたプエルトリコ系やドミニカ系にとっては、ラティーノであること、プエルトリコ系あるいはドミニカ系としてのエスニック背景を際立たせるツールにもなっているダンスである。実際、若者が踊っている姿をみると、プエルトリコ系、ドミニカ系、それぞれの集団で親しまれているダンスの振りつけを思い出させるような身体の動きが見受けられる。ヒップホップからレゲトンに音楽が変わるとき、それまで一緒に踊っていたラティーノとアフリカ系アメリカ人との間に、線が引かれるような瞬間が生じることもある。レゲトンは、ラティーノ性やアフロラティーノ性と深くかかわる音楽・ダンスである。

クラブで、ラップやレゲトンのビートに身体を揺らす若者たちは、ともにうたい、サビの部分ではパフォーマーと声を合わせたり、即興でメッセージをステージに返す。相互参加型のパフォーマンスは、ヒップホップやレゲトンにおいて必須である。パーティーでは、パフォーマーやDJが「ブラック」「モレーノ（スペイン語で「黒人」）」「プエルトリコ系」「ドミニカ系」と集まった人びとに呼びかける。多エスニックであるが、みな黒人である観衆は、それに応えながら、さらに盛り上がりをみせていく。

　ニューヨークの若いプエルトリコ系は、プエルトリコの伝統音楽とヒップホップの文化領域を利用しながら、エスニシティにもとづくアイデンティティを構築する。ドミニカ系も同様に、ヒップホップ、ドミニカン・デンボウ、メレンハウス（メレンゲとハウスをミックスさせた音楽ジャンル）、バチャータなどが流れる音楽空間では、集まった多種のラティーノ集団のなかで、ドミニカ系としてのプライドを示しながら、それらの音楽について他のエスニック集団の友人に詳しく語ってみせたり、ダンスステップを教えたりしている。しかし、ニューヨーク市のバリオに生まれた彼／女らにとって、親世代のように、エスニシティを最重要視したアイデンティティだけで生きていくことは都合の悪い点が多い。大人以上に、多文化的状況に開かれた日常生活をしている彼／女らにとっては、さまざまな場を「クール」に切り抜ける多様なアイデンティティ、つまり、他のエスニック集団とのつながりや差異を意識させる、汎用性の高い、複数のアイデンティティが重要になっている。

筆者

【参考文献】
　本コラムは、立教アメリカ研究所『立教アメリカン・スタディーズ』第35号（2013年3月）の拙論『ヒップホップとレゲトンにみる黒人性とラティーノ性：ニューヨーク市のプエルトリコ系とドミニカ系のバリオから』に加筆修正したものである。

注）ヒップホップやレゲトンと同時に、レゲエ、R&B、ハウスなども楽しんでいるが、本コラムでは、「ヒップホップ」と「レゲトン」について述べている。

おわりに

　米国は、日本にとってもっとも関わりのある国だろう。毎日、米国のニュースが聞こえてこない日はない。しかし、そのなかにラティーノに関するニュースをみつけることはあまりない。米国社会において、ラティーノは政治、経済、社会、文化などあらゆる分野で注目されており、ラティーノに注目したニュースは日々、報道されている。しかし、日本での彼らに関する扱いはきわめて小さい。著者は、これまで米国のラティーノに注目し、とくにドミニカ系やプエルトリコ系のコミュニティや彼らの文化活動に注目してきたが、日本でラティーノ関連の情報が少ないことを残念に思っていた。そして、ラティーノを紹介する本を書いてみようと思った。非常にコンパクトにまとめたため、まだ書き足すべきことも多々ある。機会を改めて、また書くことにしたい。

　本書では、主に、米国ラティーノの概要と、5つのラティーノ集団の米国における歴史や社会を紹介した。ここに書いたことは、ラティーノや取り上げたそれぞれの集団について理解しようとするときに、最低限知っておきたい事項である。

　巨大集団ラティーノは、これから米国社会を大きく転換していく力になることは間違いない。その際、集団の多様性がどのように扱われていくのだろうか。この点は、大変気になる。

　近年では、たとえば、プエルトリコ系、キューバ系、ドミニカ系の間で、白人系と黒人系がそれぞれ異なるアイデンティティを主張するようになっている。そうした活動のなかでは、エスニシティを超えたつながりが今までになく深いものになっている。黒人同士つながる人びとのなかには、独自のアイデンティティを表象するアートや音楽が生まれている。ラティーノとされる集団のなかに、他のエスニック集団と深く結びつこうとする動きがある。

こうした動きは、間違いなく、他のラティーノたちの間にも広がっていくだろう。そして、それは多文化的状況が進んでいる日本社会に大きな示唆を与えてくれるだろう。

　本書を執筆するために行った米国ロサンゼルスおよびニューヨークでのフィールドワークに際しては、平成24年度東京大学総合文化研究科グローバル・スタディーズ・プログラムから助成を受けた。

　最後に、本書を完成するために、力を貸していただいた方々に感謝したい。チカーノ壁画研究をされている新津厚子さんからは写真を提供していただいた。二瓶マリ子さん、丸山由紀さん、渡辺暁さんからはフィールドワークに基づいたコラムを寄せていただいた。ラティーノの生活の場で、それぞれの調査や仕事をされている方々によるコラムは刺激に満ちている。ロサンゼルスのメキシコ系とサルバドル系の調査では、Xochitl Flores-Marcialさん、Karina Luisさん、Bulmaro Luisさんのご家族に大変お世話になった。また、坂野由紀子さんには下書き原稿をチェックしていただいた。そして、MUSIC CAMP, Inc.の宮田信さんには、インタビューに快く応じていただいた。ご協力いただいた皆様、ありがとうございました。

　最後に、下書きの原稿を丁寧に読んでいただき、かつ、いつも迅速にコメントしてくださった大阪大学の杉田米行先生、そして、すべての工程を温かく見守ってくださった大学教育出版の佐藤守さん、心より感謝いたしております。ありがとうございました。

2014年3月

三吉美加

シリーズ監修者

杉田　米行（すぎた　よねゆき）　大阪大学言語文化研究科教授

著者紹介

三吉　美加（みよし　みか）

大学非常勤講師。東京大学博士(学術)。専門は文化人類学、ラティーノ文化、カリブ文化、黒人表現文化。著書に『ドミニカ共和国を知るための60章』（共著、明石書店、2013年）、『舞踊と身体表現』（共著、日本学術協力財団、2005年）、『シンコペーション―ラティーノ/カリビアンの文化実践』（共著、エディマン・新宿書房、2003年）など。

□コラム執筆者

二瓶　マリ子（にへい　まりこ）

メキシコ史研究

丸山　由紀（まるやま　ゆき）

東京外国語大学外国語学部スペイン語学科卒業。音楽雑誌「ラティーナ」編集者、行政書士を経て、弁護士。在日外国人を依頼者とする法律相談や事件に取り組んでいる。

渡辺　暁（わたなべ　あきら）

山梨大学准教授。東京大学総合文化研究科博士課程修了。専門はメキシコ現代政治と米国のメキシコ系移民。著書に『民主化過程の選挙』（共著、行路社、2010年）、マルカム・ラウリー『火山の下』（共訳、白水社、2010年）など。

AS シリーズ 第13巻

米国のラティーノ

2014年6月10日　初版第1刷発行
2018年3月10日　初版第2刷発行

- ■著　　者――三吉美加
- ■発　行　者――佐藤　守
- ■発　行　所――株式会社 大学教育出版
  〒700-0953　岡山市南区西市855-4
  電話(086)244-1268(代)　FAX(086)246-0294
- ■印刷製本――モリモト印刷(株)

© Mika Miyoshi 2014, Printed in Japan
検印省略　　落丁・乱丁本はお取り替えいたします。
本書のコピー・スキャン・デジタル化等の無断複製は著作権法上での例外を除き禁じられています。本書を代行業者等の第三者に依頼してスキャンやデジタル化することは、たとえ個人や家庭内での利用でも著作権法違反です。

ISBN978-4-86429-262-7